太原科技大学博士启动金项目

我国职业体育俱乐部企业社会责任研究

王　峰　著

北京体育大学出版社

策划编辑：李志诚
责任编辑：李志诚
责任校对：原子茜
版式设计：李　鹤

图书在版编目（CIP）数据

我国职业体育俱乐部企业社会责任研究 / 王峰著
. -- 北京 : 北京体育大学出版社, 2019.9
ISBN 978-7-5644-3228-7

Ⅰ. ①我… Ⅱ. ①王… Ⅲ. ①职业体育－俱乐部－企业责任－社会责任－研究－中国 Ⅳ. ①G812.16

中国版本图书馆CIP数据核字（2019）第192140号

我国职业体育俱乐部企业社会责任研究
WOGUO ZHIYE TIYU JULEBU QIYE SHEHUI ZEREN YANJIU　　王　峰　著

出版发行：北京体育大学出版社
地　　址：北京市海淀区农大南路1号院2号楼4层办公B-421
邮　　编：100084
网　　址：http：//cbs.bsu.edu.cn
发 行 部：010-62989320
邮 购 部：北京体育大学出版社读者服务部 010-62989432
印　　刷：北京建宏印刷有限公司
开　　本：710mm×1000mm　1/16
成品尺寸：157mm×235mm
印　　张：10.5
字　　数：161千字
版　　次：2019年 9 月第1版
印　　次：2019年 9 月第1次印刷
定　　价：58.00元

前　言

职业体育俱乐部作为体育企业的主体部分，在竞赛娱乐、运动员培养、社区服务等市场经济行为中发挥着巨大作用。然而，在我国职业体育俱乐部的职业化、产业化的过程中，一些俱乐部单纯追求经济利益，忽视了商业道德与责任，曾出现假球、黑哨等多种负面事件，给国家、社会、公众以及俱乐部自身带来了巨大的损失和沉痛的教训。因此，职业体育俱乐部应承担的企业社会责任得到了全社会的关注，特别是在我国体育消费需求持续上升、我国经济环境较为复杂且下行压力较大、体育生活方式正在逐步形成等背景下，职业体育俱乐部的发展任务非常艰巨。通过履行企业社会责任而提升自身竞争力成为很多职业体育俱乐部的最佳选择，俱乐部结合自身的内部能力，在承担、履行社会责任的过程中形成俱乐部内部能力和外部环境等各个环节的竞争优势，从而在市场竞争中表现出来的一种综合能力就是“责任竞争力”。

企业社会责任要求俱乐部在承担经济责任基础上，还需要承担社会、环境等多重的责任行为。企业社会责任的理论体系不断地发展演变，从股东利益最大化理论、利益相关者理论、“金字塔”理论、“三重底线”理论，到如今国内主流的“四位一体”理论，强调通过利益相关者角度，从股东、消费者、合作伙伴、政府、员工、社区、环境等进行履责的全面分析，从而建立一个符合自身的评价指标体系。因此，需要在企业社会责任“四位一体”理论体系背景下分析我国职业体育俱乐部的行业特色，并构建作用于我国职业体育俱乐部“外塑形象、内强管理”的企业社会责任指标体系，从而明晰我国职业体育俱乐部应承担的具体企业社会责任指标，并通过履行这些责任逐步改善俱乐部的经营环境、提升自身的企业竞争力，将企业社会责任融入俱乐部的战略以及日常管理行为之中，使其成为提升俱乐部绩效的内核机制与内生动力。

本书围绕“职业体育俱乐部企业社会责任”这一主题，分为五章开展论证。

第一章，绪论。该部分首先介绍了职业体育俱乐部的发展会受到多种利益相关者的影响，从而需要承担企业社会责任的必要性，以及企业社会责任理论的演变过程；其次介绍了本书编写的依据、目的和意义，以及主要相关内容。

第二章，文献综述。该部分首先详细阐述了企业社会责任的多种理论体系，并据此而产生的国内外主流的评价指标体系及管理体系；其次，对我国职业体育俱乐部的发展与内涵进行了梳理，重点围绕俱乐部的“责任管理、市场责任、社会责任、环境责任”4个方面阐述了职业体育俱乐部的企业社会责任发展，并从企业社会责任竞争力的本质、影响机制、责任竞争力提升等多个角度阐述了企业社会责任竞争力的内涵。

第三章，研究对象与方法。该部分介绍了本书以“我国职业体育俱乐部企业社会责任”为研究对象，采用定性与定量相结合的具体研究方法。

第四章，结果与讨论。该部分首先进一步阐释了企业社会责任“四位一体”环境下我国职业体育俱乐部的行业特色；其次，论述了我国职业体育俱乐部企业社会责任理论模型构建与检验的全过程，从模型的理论基础分析、理论模型的设计、初始问卷设计、初始题项确立、样本描述、项目分析、问卷检验与分析等，到最终确定了修正后的具体解释模型；最后，在前期模型基础上，阐述了我国职业体育俱乐部企业社会责任与竞争力的关系，通过回归分析构建了我国职业体育俱乐部责任竞争力模型。

第五章，结论与建议。该部分主要是在研究结果基础上总结了相应的研究结论，并给出对应研究建议；同时，指出了因为调查对象与某些俱乐部的企业性质而产生的研究局限，与将来进一步研究的设想与展望。

目　录

1 绪 论

1.1 研究背景

职业体育俱乐部作为社会的一员，其决策和活动无时无刻不影响着社会、市场和环境。其影响既可能是积极的，也可能是消极的。对具有社会责任感的俱乐部而言，提高赛季赢球率、赛季收入和运动队价值等虽然是其应有的目标，但俱乐部更应该努力将积极影响最大化，尽可能避免消极影响或使消极影响最小化。

实践的发展需要理论的指导与支持，企业社会责任（CSR）理论作为职业体育俱乐部积极发展的重要理论基础，经历了复杂的发展与演变过程，从开始国际上流行的股东利益最大化理论、利益相关者理论、“金字塔”理论、“三重底线”理论，到现在国内主流的“四位一体”理论，这些理论都强调企业的可持续发展。在如此氛围之中，努力成为对社会、市场和环境负责任的职业体育俱乐部，这是时代发展与俱乐部发展共同的价值追求。随着经济社会的不断发展，可持续发展观念在社会各界都产生了深刻的影响，越来越多的职业体育俱乐部开始认识到企业社会责任对自身根本利益与长远发展的重要性，并全面开展了企业社会责任实践活动，尤其是职业体育赛事比较成熟的欧美国家的职业体育俱乐部，在社会、市场和环境等方面积极地承担着应有的责任。

2016年，我国职业体育赛事发展遒劲有力，中超、CBA、乒超等职业赛事都如火如荼，但其所在的社会、市场和环境的发展却相对滞后，在这种背景下，每个俱乐部都应该行动起来，共同为其健康、快速发展承担应有的责任。承担责任的衡量标准来源于科学的企业社会责任指标体系，面对多种繁杂的评价指标体系，如道琼斯可持续发展指数（1999）、联合国“全球契约十项原则”（2000）、ISO 26000《社会责任指南》（2010）、GRI G4《可持续发展报告指南》（2013）、联合国可持续发展目标（2015）等，制定职业体育俱乐部应遵循的企业社会责任评价指标体系的任务就变得迫在眉睫。同时，“负责任”是俱乐部努力达到的一种境界，更是俱乐部超越自我且永无止境的自律过程，因此，俱乐部应从责任的战略、融合、治理、绩效、沟通、调研等多个方面逐步提升自身的责任管理水平。

职业体育比赛有一个永恒的主题：竞争，在此背景下，职业体育俱乐部必须大力提高自身的综合竞争力。一个企业的竞争力主要取决于其可持续的竞争优势的保持能力。竞争优势可以通过企业战略影响其产业结构或者改变某些竞争规则，从而引发企业竞争力的改变。职业体育俱乐部可以通过践行企业社会责任使自身具备持续的竞争优势，进而提高自身的竞争力。职业体育俱乐部企业社会责任竞争力有助于职业体育俱乐部的良好运营，有助于提升消费者购买比赛的信心，有助于运动员潜能的激励与维持等，同时也有利于职业体育俱乐部有效开展社会责任的实践活动，从根本上改善职业体育俱乐部的管理，提升职业体育俱乐部的形象。

1.2 选题依据

1.2.1 职业体育俱乐部的企业性质

多数学者指出，职业体育俱乐部是具有企业法人资格并以营利为目的的职业体育组织。苏贵斌指出，职业体育俱乐部不同于一般的企业，它具有企业性与公益性的双重性[1]。职业体育俱乐部作为一个独立的法人实体，通过自负盈亏与自主经营向社会提供体育竞技表演及相关产品的服务，完全按照商业化的模式进行管理与运营，经过时间的累积，通常都会拥有相当数量的有形和无形的商业资产。以职业足

[1] 苏贵斌. 职业足球俱乐部职业道德建设构想：一个利益相关者的视角[J]. 广州体育学院学报，2007，27（5）：91-94.

球俱乐部为例，欧洲发达地区的足球俱乐部更是如此，它们通常会成为中等规模的商业公司，这是职业体育俱乐部经济属性的本质体现。但是，职业体育俱乐部作为一个“社会公民”，社会为其提供了经营的平台与发展的空间，职业体育俱乐部只有遵守相应的社会规则，在一定规则允许的范围内从事经营活动，才能逐步实现职业体育俱乐部的存在价值，职业体育俱乐部的这一企业特性决定了社会属性是其基本属性。职业体育俱乐部只有在经济属性的基础上保持较好的社会属性才能取得良好的社会认同，并与利益相关者建立良好的互动关系，进而实现共赢的目标。职业体育俱乐部作为企业法人，追求的是经济效益、社会效益、环境效益等综合效益的最大化，而不是追求经济效益的单向发展，其中除了追求职业体育俱乐部的最大利润以外，还应关注社会效益与环境效益的共同发展，同时须受到政府的约束。如果职业体育俱乐部有违法违纪行为，其品牌的综合形象将会受到负面的冲击，职业体育俱乐部因此必将会采取一定的措施修复受损的品牌声誉，履行企业社会责任的实践活动是其较好的修复手段。比如，通过慈善行为进行品牌声誉的修复与巩固，通常的形式有向慈善组织提供现金、实物、球票、义务劳动等。由于职业体育俱乐部通常具备较高的知名度与曝光率，因此类似的慈善活动是较为常见的，尤其是在职业体育较为发达的欧美国家。

1.2.2 国家倡导企业应具备社会责任

2008年11月，胡锦涛同志在亚太经济合作组织（APEC）会议上提出：企业应该树立全球责任观念，自觉将社会责任纳入经营战略，完善经营模式，追求经济效益和社会效益的统一。

党的十八届三中全会强调，要通过承担企业社会责任进行企业的规范经营，并倡导企业应通过公平竞争逐步提高企业效率与企业活力，最终实现企业的保值增值与较快发展；同时，提出要进行社会责任立法。

2015年6月2日，国家质量监督检验检疫总局（现国家市场监督管理总局）和国家标准化管理委员会正式发布GB/T 36000—2015《社会责任指南》，同时配套发布了GB/T 36001—2015《社会责任报告编写指南》和GB/T 36002—2015《社会责任绩效分类指引》，宣布从2016年1月1日正式开始实施。

在国家倡导企业应具备社会责任的同时，也逐步将“企业社会责任力”作为政府部门核准项目、市场准入、获得更多资源以及社区公众接受企业投资进入的一项考核指标。这使得企业应做出正确的社会责任管理的调整。

1.2.3 职业体育俱乐部自身发展需要具备社会责任

职业体育俱乐部在履行社会责任时，如果能公开、及时、准确地将所履责信息披露给利益相关者，将有助于职业体育俱乐部股东、投资人、员工、运动员、观众等及时掌握职业体育俱乐部相关信息，对职业体育俱乐部形成积极的、全面的认识。职业体育俱乐部定期发布的社会责任报告，也是职业体育俱乐部深化履行社会责任、积极与利益相关者沟通的载体和渠道，有助于展示职业体育俱乐部的企业形象，争取更多的观众支持。

职业体育俱乐部可以通过具体的指标对职业体育俱乐部相应的人群进行管理，有助于员工、运动员更好地履行相关职责，发挥出更好的能力；有助于团队氛围、团队绩效的管理，提高赛季赢球率、赛季收入和运动队价值等组织变量；有助于股东、投资人和职业体育俱乐部管理层对俱乐部的管理与约束，更好地规范俱乐部的发展路径，以达到优化管理的目的。

总之，职业体育俱乐部自身“外塑形象、内强管理”都需要具备社会责任。

1.2.4 我国职业体育俱乐部社会责任的理论缺失

在各种产业经济的发展过程中，企业社会责任的理念逐步形成，并广泛地发展起来，首先是在能源、电力等公共事业中产生萌芽，然后逐步向制造、零售、贸易、房地产、采掘、通信、金融等各行各业辐射，虽然覆盖甚广，但始终未涉及体育产业。体育产业可以参考的指标体系也只有文化娱乐业和一般服务业，而且这些指标体系也相对笼统与模糊。

职业体育俱乐部具有明显的品牌效应和社会效应。其企业社会责任的衡量标准和指标体系目前并未建立，不利于职业体育俱乐部产业的可持续发展。

1.3 研究目的与意义

1.3.1 研究目的

（1）借鉴利益相关者理论、企业社会责任“四位一体”理论等，依据职业体育俱乐部的特点，构建我国职业体育俱乐部企业社会责任指标体系。

（2）通过对我国职业体育俱乐部企业社会责任指标体系的构建、职业体育俱乐部企业社会责任竞争力问卷的设计与调研分析，探索我国职业体育俱乐部企业社会责任与俱乐部竞争力的相关关系。

1.3.2 研究意义

1.3.2.1 理论意义

（1）在“三重底线”理论与利益相关者理论的基础上，完善体育行业的企业社会责任指标体系，为我国企业社会责任报告编写提供参考。

（2）结合我国职业体育俱乐部与企业社会责任的发展现状，设计我国职业体育俱乐部企业社会责任竞争力问卷，为职业体育俱乐部提升竞争力提供理论依据。

1.3.2.2 现实意义

（1）通过指标体系的建立与维护，形成我国职业体育俱乐部的规范化管理，促进我国职业体育俱乐部的良好运行，提高赛季收入和运动队价值等。

（2）促进职业体育俱乐部体育赛事的外部信息披露与合理掌

控，为大众购买购买不同体育赛事产品的提供选择依据。

（3）通过对职业体育俱乐部企业社会责任的学习，促使运动员及员工树立正确的人生观、价值观。

（4）依托职业体育俱乐部市场绩效的管理，增强职业体育俱乐部的股东与合作伙伴的信心。

（5）依托职业体育俱乐部环境绩效的管理，改善体育产业及其相关产业的发展。

（6）依托职业体育俱乐部社会责任不同指标维度与竞争力的关系判断，寻找提升职业体育俱乐部竞争力的关键路径。

1.4 研究的主要内容

1.4.1 分析企业社会责任“四位一体”环境下我国职业体育俱乐部行业特色

企业社会责任“四位一体”理论是建立在“三重底线”理论与利益相关者理论基础上的，以企业社会责任管理为核心，涉及市场责任、社会责任和环境责任3个主要方面，分属于责任管理核心外围的3个点，形成一个稳定的闭环三角结构。《中国企业社会责任报告编写指南》就是依据企业社会责任“四位一体”理论模型而编写的，包括通用指标体系以及46个行业的补充指标，其中没有职业体育俱乐部应遵循的指标体系。通过仔细分析发现，文化娱乐业、一般服务业等相关指标体系可以为设计职业体育俱乐部社会责任指标体系奠定基础。职业体育俱乐部是指专门从事运动训练、竞赛、表演及其相关活动的具有独立企业法人资格的实体，应遵循一定的企业社会责任指标体系才可顺利推进职业体育俱乐部的履责进程。企业社会责任“四位一体”理论体系高度概括了企业发展过程中的管理、营销、人员等非财务指标，主要涉及责任管理、市场责任、社会责任和环境责任4个方面。责任管理是职业体育俱乐部企业社会责任管理，具体可以包括责任的战略、治理、融合、绩效、沟通、调研等多个方面，因此，可从管理学的视角分析我国职业体育俱乐部的企业社会责任问题。市场责任是职业体育俱乐部企业社会责任活动的基础利益点，意味着职业体育俱乐部作为市场化的组织，应在关注效率与成本等市场要素的前提下，为职业赛场提供有价值的比赛、服务，从而提高市场回报率。市场责任可以包括客户责任、伙伴责任和股东责任等与职业体育俱乐部业务活动密切相关的责任，更多地关注了职业体育俱乐部市场绩效的发展，因此，可从市场经济学的视角分析我国职业体育俱乐部的企业社会责任问题。社会责任是职业体育俱乐部企业社会责任活动的落脚点，职业体育俱乐部作为“社会公民”，维护社会中不同组织的价值实现及组织成员的相互利益，是职业体育俱乐部作为“社会公民”应尽的职责。社会责任可以包括政府责任、员工责任和社区责任等组织与人员责任，因此，可从社会学的视角分析我国职业体育俱乐部的企业社会责任问题。环境责任是职业体育俱乐部企业社会责任活动的保障点，优良的自然环境与和谐的人文环境是企业生存与发展的基础，尤其对体育运动项目而言更为重要，职业体育的训练、比赛都需要多种环境的“默契”配合才可顺利推进。环境责任可以包括交通堵塞、噪声污染、垃圾问题等与环境治理相关的内容，因此，可从环境科学的视角分析我国职业体育俱乐部的企业社会责任问题。

1.4.2 构建我国职业体育俱乐部企业社会责任指标体系

在职业体育俱乐部企业社会责任“外塑形象、内强管理”理念的指导下，在利益相关者理论、企业社会责任“四位一体”理论等的基础上，根据我国职业体育俱乐部的特性与要求，对我国职业体育俱乐部的责任管理、股东责任、消费者责任、合作伙伴责任、政府责任、运动员及员工责任、社区责任、环境责任等进行理论分析、问卷设计、专家访谈与问卷调研，逐步构建我国职业体育俱乐部企业社会责任理论模型，并验证该模型与指标体系设计的科学性与合理性，使其成为相关研究的重要参考。该理论模型的各个指标经过分析、检验之后，构建为成熟的指标体系，具备我国职业体育俱乐部企业社会责任的独特性与应用性。

1.4.3 设计职业体育俱乐部企业社会责任竞争力问卷

企业作为“社会公民”，通过生产和提供社会所需的产品或服务而产生价值。企业竞争力是一个企业在竞争性市场中能高效持续地提供产品或服务的综合价值能力，其中的价值可以包括社会的价值、道德的价值、政治的价值、法律的价值以及经济的价值等。企业社会责任是企业为其决策和活动对社会、市场、环境等的影响而需承担的责任，是现代企业核心价值观和竞争力的重要体现，是企业多方面价值的综合体现。我国职业体育俱乐部作为体育企业，应全面提升自身的综合实力与价值呈现，通过多维度责任的承担来提升价值影响力与竞争力。根据企业社会责任对竞争力的相关研究成果，结合我国职业体育俱乐部的企业社会责任现状，设计我国职业体育俱乐部企业社会责任竞争力问卷，为我国职业体育俱乐部承担企业社会责任并提升竞争力做出评判标准。

1.4.4 探索我国职业体育俱乐部企业社会责任与竞争力的关系

由于我国职业体育俱乐部的企业社会责任指标体系是从责任管理、股东责任、消费者责任、合作伙伴责任、政府责任、运动员及员工责任、社区责任、环境责任等方面进行构建的，因此，我国职业体育俱乐部的企业社会责任与竞争力的关系也会从以上方面分别展开论证。

2 文献综述

2.1 企业社会责任理论

企业社会责任是经济全球化时代新的商业规则，是现代企业核心价值观和竞争力的重要体现。企业作为社会的经济组织，是众多社会主体利益的交汇点，其担负起更多的社会责任，是现代社会对企业的普遍期望和要求[1]。

在西方，企业社会责任观念可以追溯到古希腊时期，那时社会就要求商人在经商时关注社会福利和公共道德。在中国，早在春秋时期，诸子百家进行的“义利之辩”，就已经涉及了商人在个人私利和社会公益之间的取舍问题。从广义上看，这些都可以理解为企业社会责任的萌芽。将企业社会责任真正作为一种理念，是美国学者奥利佛·谢尔顿（Oliver Sheldon）[2]于1924年首先提出的，但并没有引起人们的关注，直到1953年，随着霍华德·R. 鲍恩（Howard R.Bowen）《商人的社会责任》一书的出版，企业社会责任才正式为人所知。

2.1.1 企业社会责任的概念

对企业社会责任的定义与解读，概念众多，至今也没有形成学界较为统一的认识。在认同社会经济学的企业社会责任观（企业在发展的同时，社会期望能够保证自身的长期生存与发展，对股东利益最大化的要求在逐步降低）的前提下，国外具有代表性的概念见表2-1。

[1] 李海婴，翟运开，董芹芹. 企业社会责任：层次模型与动因分析[J]. 当代经济管理，2006（6）：18-21.

[2] SHELDON O. The Philosophy of Management[M]. London：Sir Isaac Pit-man and Sons Ltd，1965：70-99.

表2-1　国外关于企业社会责任的概念

代表人物或组织	企业社会责任概念
Berle（1931）	企业股东的利益是最为重要的，应受到法律保护，而管理者只能是企业股东的受托人，其权利应受到规范与限制，他们的目标应是为了股东利益的最大化，而不是其他利益[1]
Dodd（1932）	企业应该树立起对雇员、消费者和广大公众的社会责任观[2]
Bowen（1953）	商人应该根据社会发展的目标与要求进行决策，进而采取适当的行为方式[3]
Davis（1960）	企业社会责任要求商人在满足经济利益的同时，应在其决策与执行中考虑多种其他的因素[4]
McGuire（1963）	企业社会责任要求企业不仅要有经济责任与法律责任，还应具备其他的责任形式
Friedman（1970）	企业只有一个责任，那就是在公开、自由而没有欺诈的竞争性环境中最大限度地增加利润[5]
Carroll（1979）	企业社会责任是企业在任何时期都应满足社会对其在经济、法律、伦理等方面的期望[6]。1991年，作者又进一步提出了包括经济责任、法律责任、伦理责任和自愿责任（慈善责任）的企业社会责任“金字塔”模型[7]
Elkington（1998）	最早提出了“三重底线”的概念，并解释说明企业行为要满足经济底线、社会底线与环境底线的基本要求[8]
联合国	联合国公布的“全球契约”要求，企业社会责任应遵循其提出的10项原则，其中涉及劳工、人权、环境与反贪污4个方面

[1] BERLE A A. Corporate Powers as Powers in Trust[J]. Harvard Law Review，1931：1049.

[2] DODD E M. For Whom are Corporate Managers Trustees?[J]. Harvard Law Review，1932：1146.

[3] BOWEN H.R. Social Responsibility of Business man[M]. New York：Harper，1953：258.

[4] DAVIS K. Can Business Can Afford to Ignore Social Responsibility?[J]. California Management Review，1960（spring）：981.

[5] FRIEDMAN M. The social Responsibility of Business is to Increase its profit[N]. The New York Times Magazine，1970（13）.

[6] CARROLL A B. A three-dimensional conceptual model of corporate performance[J]. Academy of management review，1979，4（4）：497-505.

[7] CARROLL A B. The pyramid of corporate social responsibility：Toward the moral management of organizational stakeholders[J]. Business Horizon，1991：7-8.

[8] ELIKINGTON J. The Triple Botton Line of 21st Century Business[M]. Cannibals with Forks. Oxford UK：Capstone Publishing，1998:132.

续表

代表人物或组织	企业社会责任概念
世界银行	企业社会责任是一种可以改善利益相关者生活质量的政策与实践的集合，是企业对利益相关者的一种承诺，包括其共同的价值观、法律、社区与环境等多个方面
欧盟	企业社会责任是指企业通过自愿、协商，与利益相关者形成的关于社会与环境影响的业务互动的结果
国际标准化组织（2010）	在ISO 26000的社会责任标准中，提出了组织的社会责任是组织通过透明和道德行为，对社会和环境的影响承担责任

根据被社会关注的范围，企业社会责任的概念在国外的演化过程可以分为3个阶段，即20世纪20年代到60年代的个别研究阶段、20世纪70年代到20世纪末的广泛关注阶段、21世纪初至今的全球发展阶段。学者们对这3个阶段的关注焦点也发生着变化。在个别研究阶段，主要争论的焦点是企业除了满足经济责任目标以外，是否以及为什么还需要承担其他的责任，在当时的市场环境中，企业的主要社会责任就是追求利益最大化；在广泛关注阶段，随着“企业的社会责任就是追求利润最大化”的观点逐步失去统治地位，责任观念向多元化逐步延伸，经济社会广泛认可企业应当承担多种形态的责任，这个阶段面临的主要问题不再是企业是否还需要承担其他责任，而是企业需要承担何种责任以及从何种视角承担责任的问题，尤其是受到利益相关者理论的影响，面对同一受众需要从不同视角加以分析，更加强调企业具体承担社会责任的方向、内容与重点的问题；在全球发展阶段，大量的国际组织进入企业社会责任领域并积极推动其向前发展，探讨研究企业如何更好地承担应有的社会责任，这个阶段关注较多的是企业责任的承担方式问题。企业社会责任概念在国外的演变发展过程也符合Why—What—How的3个阶段，即为何要履行社会责任、履行何种社会责任、怎样履行社会责任。随着履行社会责任的思想演变，企业社会责任也逐步走向成熟。

企业社会责任概念在国内的演化过程见表2-2。其根据研究成果和影响程度也可以分为3个阶段，即20世纪80年代中期到90年代中后期的起步阶段、20世纪90年代末到21世纪初的初步发展阶段、21世纪初至今的快速发展阶段。在起步阶段，随着改革开放步伐的逐渐加快，国内少数学者开始积极关注企业社会责任的相关理论，并进行了一定的研究，但成果较为贫乏，而且多数学者将企业社会责任基本等同于“国际劳工标准”，此时对企业社会责任的认知是初级的，甚至有部分学者将企业社会责任的衡量标准认为是发达国家对我国企业实施的贸易壁垒。在初步发展阶段，一些学者进行了相对系统的研究，但研究的深度与广度还比较欠缺，而且研究成果的数量较少。在快速发展阶段，企业社会责任的概念在我国得到了很大的普及，尤其是2016年1月1日开始实施的GB/T 36000—2015《社会责任指南》、GB/T 36001—2015《社会责任报告编写指南》等，引起了政界、业界、学界以及社会的极大关注。在这个阶段，有关企业社会责任概念的研究成果快速增加，从不同行业、不同角度、不同认识给予了不同的解读与定义，同时，以企业社会责任为主题的研讨会也大量举行，以学者为主体的研究人员也逐步扩大到非政府组织与企业之中。但相关概念仍然比较模糊与笼统，与国际社会的研究深度及我国企业的实际需求仍相差甚远。

根据企业社会责任概念在国内外的不同解读，本研究认为，企业社会责任是企业在承担经济责任的基础上，从利益相关者角度出发，还需要承担社会、环境等多重的责任行为。企业社会责任理念强调的是市场绩效、社会绩效、环境绩效等综合绩效最大化的全面发展。

表2-2 国内关于企业社会责任的概念

代表人物	企业社会责任概念
王秋丞（1987）	企业社会责任是企业保持一种自愿、积极的社会参与态度，以态度为引导，为解决社会问题并为社会做出贡献的行为[1]
徐淳厚（1987）	企业社会责任是企业在市场营销活动中的责任，主要体现责任履行、维护公共利益、保证经济增长、促进社会发展等方面的义务[2]
吴克烈（1989）	企业的社会责任可概述为企业对社会所应承担的一种法律义务[3]
袁家方（1990）	企业社会责任是企业为了维持自身的生存与发展，必须面对社会的需要与解决各种社会问题的责任[4]
刘俊海（1999）	公司社会责任是指公司不能只以股东利益最大化为唯一目的，还应当承担维护和促进其他社会主体利益的义务[5]
刘连煜（2001）	企业社会责任是指以营利为目的的公司，在决策中确认某件事对于社会上的大多数人来说是更为重要的，那该公司应该放弃利润的意图来满足大众的期望[6]
卢代富（2002）	企业社会责任是企业在谋求股东利润最大化之外所应负有的维护和增进社会利益的义务[7]
周祖城（2005）	企业社会责任是指企业应该以利益相关者为对象而承担的包括经济责任、法律责任和道德责任在内的一种综合责任[8]
李淑英（2007）	企业社会责任是指企业不能仅以利润最大化作为自身的唯一存在目的，而应该最大限度地增进和维护社会利益，股东利润最大化不是无条件的，而是以社会利益作为先决条件[9]
李伟阳、肖红军（2008）	企业社会责任是指企业为实现自身与社会的可持续发展，遵循法律法规、社会规范和商业道德，有效管理企业运营对利益相关方和自然环境的影响，追求经济、社会和环境的综合价值最大化的行为[10]

[1] 王秋丞. 商业企业的社会责任[J]. 江苏经贸职业技术学院学报，1987（2）：21-23.
[2] 徐淳厚. 试论商业企业的社会责任[J]. 经济纵横，1987（9）：44-47.
[3] 吴克烈. 企业社会责任初探[J]. 企业经济，1989（8）：7-11.
[4] 袁家方. 企业社会责任[M]. 北京：海洋出版社，1990：28.
[5] 刘俊海. 公司的社会责任[M]. 北京：法律出版社，1999：3.
[6] 刘连煜. 公司治理与公司社会责任[M]. 北京：中国政法大学出版社，2001：66.
[7] 卢代富. 企业社会责任的经济学和法学分析[M]. 北京：法律出版社，2002：58.
[8] 周祖城. 企业伦理学[M]. 北京：清华大学出版社，2005：114.
[9] 李淑英. 企业社会责任：概念界定、范围及特质[J]. 哲学动态，2007（4）：41-46.
[10] 李伟阳，肖红军. 企业社会责任概念探究[J]. 经济管理，2008（21-22）：177-179.

2.1.2 企业社会责任的主要理论

2.1.2.1 股东利益最大化理论

1970年，弗里德曼在《企业的社会责任就是赚钱》中指出，企业的唯一社会责任就是在遵守游戏规则的前提下，组织资源进行商业活动，赚取利润。他强调，企业承担社会责任会产生一定的商业成本，这本身就是给企业进行“刷漆包装”的过程，从这个角度看是可以理解的。同时，他还指出，企业只有从事经济行为才是在正确价值观引导下的行为方式。企业是以营利为目标的，虽然有些社会学者认为政治手段比市场手段更容易调配稀缺资源，但如果因此企业将政治与经济两种方式放在一起去承担社会责任是非常危险的，这样从事社会责任行为会威胁到政治的存在，建议二者应该分开处理[1]。股东利益最大化的企业社会责任理念强调企业的唯一目标就是赚钱，其他任何行为都是可有可无，甚至是增加成本的。

2.1.2.2 利益相关者理论

“利益相关者”最初是由伊戈尔·安索夫在《公司战略》一书中提到的，但真正开始被广泛认可与使用是在1984年弗里曼出版专著《战略管理——利益相关者方式》之后[2]。利益相关者是指任何影响企业目标或者被企业目标所影响的集团或个人（图2-1）。企业是利益相关者的共同体，是其相互关系的连接，只有利益相关者的共同投入与积极参与才可促使企业取得更好的发展，尤其对当今的经济社会，信息链条与利益链条逐步缩短和对称性提高，企业的发展目标必须是追求利益相关者整体利益得到保护，而不是某一个主体的利益。然而，不同学者为了找到利益相关者的规范核心，尝试用各种理论与学术加以解释，如Freeman提出的“公平契约学说”[3]，Donaldson和Dunfee提

[1] 乔治·斯蒂纳，约翰·斯蒂纳. 企业、政府与社会[M]. 北京：华夏出版社，2002：139.

[2] 陈维政，吴继红，任佩瑜. 企业社会绩效评价的利益相关者模式[J]. 中国工业经济，2002（7）：57-63.

[3] FREEMAN R E. The politics of stakeholder theory: Some future directions[J]. Business Ethics Quarterly，1994，4（4）：409-422.

出的“整合的社会契约学说”[1]，Phillips提出的“利益相关者公平原则”[2]等，这些理论的探索进一步发展和完善了利益相关者理论，提高了这一理论的合理性和解释力。同时，王清刚等认为每个利益相关者都可以创造社会责任的价值[3]，王晓巍等认为企业对不同利益相关者的社会责任对企业价值的影响程度也不同[4]，钱瑜等认为通过加强利益相关者的企业社会责任可以提升企业绩效[5]，张兆国等认为通过利益相关者理论可以解释很多企业社会责任承担的重大问题[6]，宋岩等认为通过利益相关者视角分析可以解决上市企业社会责任与盈余管理的问题[7]。总之，利益相关者理论自产生以来，其影响日益深远，从公司治理、企业社会责任、企业绩效评价和公司财务目标等方面产生了大量的应用研究。

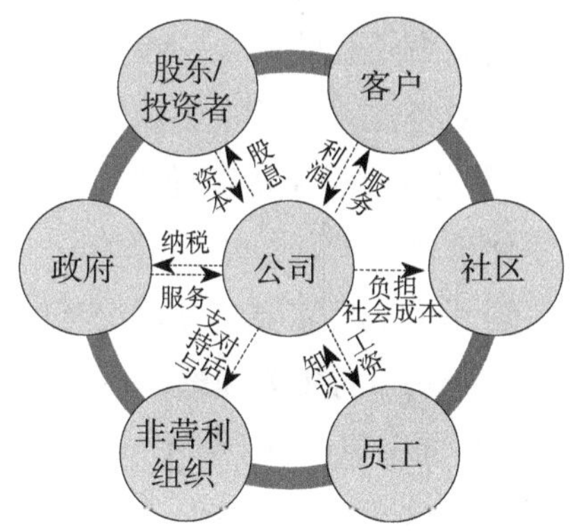

图2-1 利益相关者模型

[1] DONALDSON T，DUNFEE T W. Ties that bind[M]. Cambridge：Harvard Business School Press，1999：112.

[2] PHILLIPS R. Stakeholder legitimacy[J]. Business Ethics Quarterly，2003，13（1）：25-41.

[3] 王清刚，徐欣宇. 企业社会责任的价值创造机理及实证检验——基于利益相关者理论和生命周期理论[J]. 经济管理，2016（2）：181-192.

[4] 王晓巍，陈慧. 基于利益相关者的企业社会责任与企业价值关系研究[J]. 管理科学，2011，24（6）：29-37.

[5] 钱瑜. 企业社会责任和企业绩效的典型相关分析——基于利益相关者视角[J]. 企业经济，2013（3）：79-82.

[6] 张兆国，梁志钢，尹开国. 利益相关者视角下企业社会责任问题研究[J]. 中国软科学，2012（2）：139-146.

[7] 宋岩，滕萍萍. 利益相关者视角下的企业社会责任与盈余管理[J]. 烟台大学学报：哲学社会科学版，2016，29（5）：107-118.

2.1.2.3 “金字塔”理论

“金字塔”理论模型是由卡罗尔（Corroll）于1991年提出的，他认为企业社会责任包括经济责任、法律责任、伦理责任和慈善责任4个层次（图2-2），其中经济责任和法律责任是必尽责任，伦理责任是应尽责任，慈善责任是愿尽责任。经济责任是指企业为了保证利润的增长而必须承担的责任，是其他层次责任的发展基础；法律责任是指企业的一切经营活动都必须遵纪守法、依法经营，承担法律对其应有的约束；伦理责任是指企业的经营活动应符合社会道德规范以及伦理规范，应为了社会的全面发展约束自身的行为，保证企业的运营没有违反社会公德；慈善责任也被称为自行裁量的责任，是指企业作为社会的一员，其发展应该能为社会的繁荣、和谐、进步等做出自身应有的贡献。“金字塔”模型经常被用在企业社会责任的评价实践之中。Clarkson指出，企业社会责任“金字塔”理论模型可以长久地影响企业的发展，并作为企业评价社会责任最主要的手段[1]。Maignan和Ferrell认为，企业社会责任的评价工具需要具备理论基础、度量维度与评价行为，为此，他们基于Carroll的相关理论，提出了从经济、法律、伦理和自由裁量4个维度度量企业的社会责任，并建立了29项企业社会责任管理与实践的评价指标体系[2]。Marin等依据此类办法，从经济责任、法律责任、伦理责任和自由裁量责任4个维度对144家企业社会责任的状况进行了评价，并设立了自有的具体衡量指标[3]。

[1] CLARKSON M E. A Stakeholder Framework for Analyzing and Evaluating Corporate Social Performance[J]. Academy of Management Review，1995（1）：92-117.

[2] MAIGNAN I，FERRELL O C. Measuring Corporate Citizenship in two Countries：The Case of the United and France[J].Journal of Business Ethics，2000（3）：283-297.

[3] MARIN L，RUBIO A，MAYA S R. Competitiveness as a Strategic Outcome of Corporate Social Responsibility[J]. Corporate Social Responsibility and Environmental Management，2012（6）：364-376.

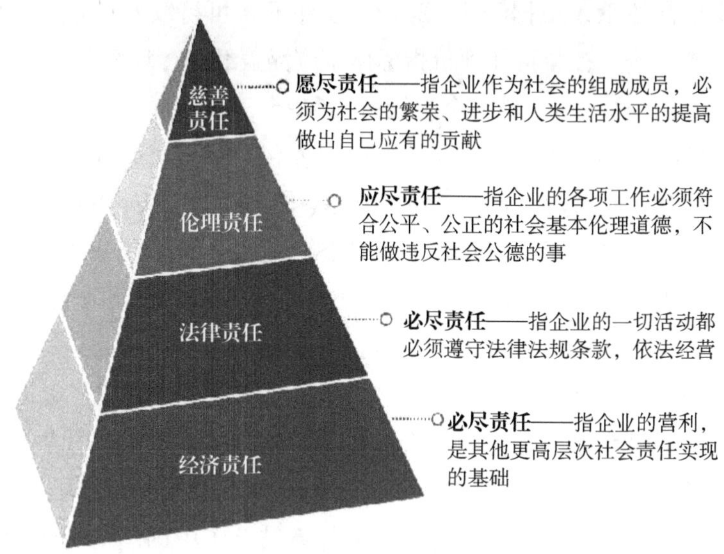

图2-2 “金字塔”理论模型

2.1.2.4 “三重底线”理论

“三重底线”理论模型是由埃尔金顿于1997年提出的。该理论认为企业行为要满足经济底线、社会底线和环境底线（图2-3），追求经济、社会和环境价值的平衡，并最大限度地减少企业对利益相关者的威胁与损害。企业为了长远的可持续发展，不应只追求经济绩效的单一发展，还应关注社会绩效与环境绩效的协同发展，不断追求利润、社会、环境三者同时作为企业生存与发展的底线，如果超出这3条底线，企业将会失去可持续发展的基础。同时，“三重底线”理论也是企业的三重经营理念与三重经营要求，是社会全面衡量企业的三重标准。“三重底线”理论根据在发展过程中的成熟程度，可以分为原始的“三重底线”理论模式与改进的“三重底线”理论模式[1]。从原始的“三重底线”理论模式来看，它完全按照3个维度来构建企业社会责任评价指标体系，最具代表性的是全球报告倡议组织（Global Reporting Initiative, GRI）在《可持续发展报告指南》中构建的企业社会责任信

[1] 肖红军，许英杰. 企业社会责任评价模式的反思与重构[J]. 经济管理，2014（9）：68.

息披露指标体系，根据GRI（2013）发布的《可持续发展报告指南》（G4版），企业社会责任评价指标体系应涵盖经济、环境和社会3个方面。其中，经济方面包括4个二级指标和9个三级指标，环境方面包括12个二级指标和34个三级指标，社会方面包括劳工实践和体面工作、人权、社会、产品责任4个子类共48个具体指标。道琼斯可持续发展指数（Dow Jones Sustain-ability Index，DJSI）也是按照“三重底线”理论构建的企业社会责任评价指标体系，这一指数从经济、环境和社会3个维度进行构建，每个维度下均设有指标和次级指标。从改进的“三重底线”理论模式来看，它在原有“三重责任”理论基础上，增加了其他辅助性的维度来构建企业社会责任评价指标体系，最具代表性的是陈佳贵等[1]提出的基于“四位一体”企业社会责任评价模型构建的企业社会责任评价指标体系。该评价指标体系结合了中国国情，包括责任管理、市场责任、社会责任和环境责任4个维度以及下设大量三级指标共同构建了完整的指标体系。

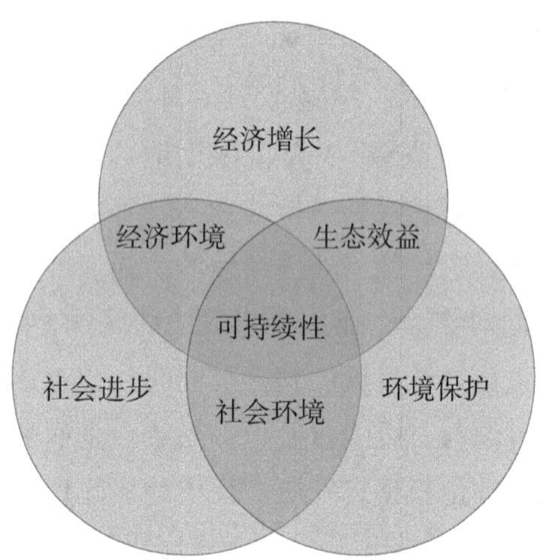

图2-3　“三重底线”模型

[1] 陈佳贵，黄群慧，彭华岗，等. 中国企业社会责任研究报告[M]. 北京：社科文献出版社，2009：66.

2.1.2.5 企业社会责任“四位一体”理论

黄群慧等结合“三重底线”理论和利益相关者理论，构建了一个由责任管理、市场责任、社会责任和环境责任4个维度构成的企业社会责任“四位一体”理论模型[1]。该模型以责任管理为中心，其他3个责任围绕责任管理共同形成一个闭合的三角形（图2-4）。企业社会责任“四位一体”理论模型高度概括了企业发展过程中的管理、营销、人员等非财务指标，主要涉及责任管理、市场责任、社会责任和环境责任4个方面，共同构建了一个完整的企业社会责任评价指标体系。在该模型中，责任管理是企业社会责任活动的出发点与控制点，从责任机构的建立、机制体制的完善到责任活动的控制，都是完善的责任体系建立的前提。责任管理具体包括责任的战略、治理、融合、绩效、沟通、调研等方面。市场责任是企业社会责任活动的基础利益点，意味着企业作为市场化的组织，应以关注效率与成本等市场要素为前提，取得较好的财务绩效是企业可持续发展的根本。市场责任具体包括客户责任、伙伴责任和股东责任等与企业业务活动密切相关的责任。社会责任是企业社会责任活动的落脚点，企业作为“社会公民”，维护社会中不同组织的价值实现以及组织成员的相互利益，是其作为“社会公民”应尽的职责。社会责任具体包括政府责任、员工责任和社区责任等。环境责任是企业社会责任活动的保障点，是企业能够可持续发展的关键，维护人类生活的自然环境与人文环境等，也是企业能够连续生产的保障。环境责任主要包括环境管理、节约能源资源、降污减排等内容。

上述5种理论表明，企业社会责任的不同呈现方式基于学者从不同的视角对企业应承担责任的不同划分与组合方式，在国内较为流行的是企业社会责任“四位一体”理论体系，它是以“三重底线”理论与利益相关者理论为基础，根据我国企业现状而开发形成的责任体系。

---

[1] 黄群慧，彭华岗，钟宏武，等. 中国100强企业社会责任发展状况评价[J]. 中国工业经济，2009（10）：23-35.

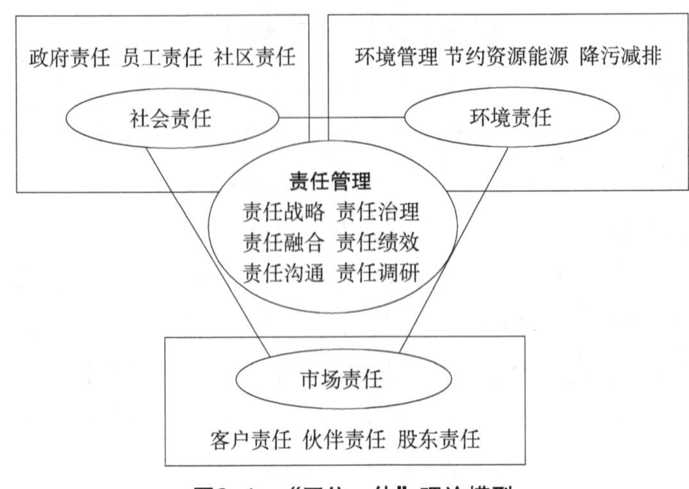

图2-4 “四位一体”理论模型

2.1.3 企业社会责任的评价指标体系

2.1.3.1 ISO 26000《社会责任指南》

国际标准化组织（International Standard Organization，ISO）就企业社会责任的可行性经过反复论证之后，于2010年11月1日，在瑞士日内瓦发布ISO 26000《社会责任指南》（以下简称《指南》）。该《指南》具有高度的指导意义与适用范围，适用于各种类型的企事业单位进行社会责任的评价。同时，该《指南》是目前为止较为权威的社会责任评价体系，不仅对社会责任进行了解释，还对社会责任融入组织提供了框架指南。该《指南》包括7大核心主题和37个主要议题，系统解释了企业社会责任的概念、需要履行企业社会责任的原因、履行企业社会责任的途径等系列问题，成为国际社会评价企业社会责任的主要标准。根据国际标准化组织提出的ISO 26000《社会责任指南》，我国国家质量监督检验检疫总局（现国家市场监督管理总局）、国家标准化管理委员会发布的GB/T 36000—2015《社会责任指南》于2016年1月1日开始实施，对ISO 26000《社会责任指南》进行了针对性的、适合我国国情的修订与完善。

2.1.3.2 SA 8000

《社会道德责任标准》（Social Accountability 8000，简称SA 8000），是继ISO 9000、ISO 14000之后出现的又一个重要的国际性标准。SA 8000作为世界上第一个社会道德责任标准，在组织层面上提升了不同利益相关者的道德认同，是规范组织道德行为的一个新标准，在全球层面上促进了企业的可持续发展，已作为第三方认证的准则。SA 8000认证可以广泛地适用于全球所有工商领域的企业，其标准首先给出了对组织和公司进行独立审核的定义和核心要素，确认审核评判的基本原则。SA 8000为公司提供了社会责任规范，虽然尚未转化为ISO认可的国际标准，但它已得到国际社会的认可。

2.1.3.3 联合国"全球契约十项原则"

2000年，联合国启动"全球契约十项原则"，倡议企业将"全球契约十项原则"贯彻于企业战略、管理中去，要求大企业引导供应链中的中、小企业实施"全球契约十项原则"，"全球契约十项原则"成为跨国企业履行社会责任的基本准则。

2.1.3.4 联合国可持续发展目标（2015）

2015年9月25日，联合国可持续发展峰会在纽约总部召开，通过17个可持续发展目标，简称SDG。2015年2月，国际科学理事会（ICSU）与国际社会科学理事会（ISSC）发布报告《以科学的视角审视可持续发展目标》（*Review of Targets for the Sustainable Development Goals: The Science Perspective*），对可持续发展的17个大目标和169个子目标进行了独立评估。该报告由来自自然科学和社会科学领域的40位研究人员共同撰写。报告认为，在169个子目标中，有49个（29%）目标目前发展良好，有91个（54%）目标需要更加具体化才能实现，有29个（17%）目标还任重而道远。

2.1.3.5 GRI《可持续发展报告指南》（G4）

GRI又名全球报告倡议组织，成立于1997年，由美国非营利环境经济组织（CERES）和联合国环境规划署（UNEP）共同发起。GRI

提供的可持续发展报告覆盖经济、环境、社会的不同层面，受到了国际社会的广泛认同，并成为很多跨国公司编制责任报告的重要参考依据。2006年出版第三代《可持续发展报告指南》（简称G3），随着ISO 26000在2010年推出，GRI又进行了重新设计与修改，并于2011年升级到G3.1，2013年启用G4。G4注重于突出实质性内容，强调核心议题的识别过程。在公司治理、道德诚信、供应链、反贪腐以及温室气体排放等方面提出了新的要求，注重与国际上其他可持续发展报告编写标准及架构接轨，强调编写报告的准备过程。GRI的《可持续发展报告指南》被认可为规范的国际文件，也为我国企业社会责任评价报告的编写提供了参考。

2.1.3.6　道琼斯可持续发展指数（1999）

道琼斯可持续发展指数（DJSI）是由道琼斯公司和永续资产管理公司于1999年联合发布的。DJSI是目前世界上运行时间最长的可持续发展基准指数，是国际上指导投资者选择具有商业道德公司的主要指数，被16个国家的投资者和资产管理人所使用，主要跟踪在可持续发展方面有卓越表现的大公司。道琼斯可持续发展评价指标分为通用指标和与特定产业相关指标，两类指标权重各占50%左右，评价数据来源于调查问卷、公司文件、公共信息、与公司直接联系4种渠道。

2.1.3.7　《ESG报告指引》

香港联合交易所有限公司（以下简称香港联交所）的ESG（E，指环境；S，指社会；G，指治理）报告披露要求将采纳“不遵守就解释”条文，提升披露等级。香港联交所建议修订《ESG报告指引》，将一般披露的所有范畴及环境的KPI（关键绩效指标）的责任等级提升为“不遵守就解释”（Comply or Explain），引起了经济社会的广泛关注与认同。

2.1.3.8　《中国企业社会责任报告编写指南》

《中国企业社会责任报告编写指南》是由中国社会科学院经济学部企业社会责任研究中心编制发布的，是国内最权威、覆盖面最广的报告指标体系的参考指南。2017年出版了《中国企业社会责任报告编写指南（第四版）》（4.0），之前已经出版了3个版本，分别是：2009年11月出版的《中国企业社会责任报告编写指南（第一版）》（1.0），是我国首个企业社会责任报告编写标准，提出了报告的编制原则、逻辑架构和内容体系，构建了以包括责任管理、市场责任、社会责任与环境责任为一体的“四位一体”模型，研发报告编写通用指标体系及37个行业补充指标体系；2011年3月出版的《中国企业社会责任报告编写指南（第二版）》（2.0），行业补充指标体系由37个扩展到46个，同时解构分析ISO 26000，挖掘、吸纳系列关键指标，构建社会责任管理“六维框架”，配套研发报告编写软件并提供免费下载和定期更新；2014年1月出版的《中国企业社会责任报告编写指南（第三版）》（3.0），首倡报告“全生命周期管理”，从“一本指南”到“系列指南”，开发分行业、议题指南，与GRI联合制定发布指南3.0与GRI 4.0标准关联文件，并开放资源，打造指南在线网站。

企业社会责任的评价指标体系是根据其理论体系建立的不同行业的企业承担社会责任的评价依据，是企业责任信息披露的评价标准，每个行业的企业都应开发设计适合自身的责任评价指标体系，推进精准评价。

2.1.4 企业社会责任的管理体系

企业社会责任的落实需要企业设立具体的责任管理部门，并建立具体的责任管理体系，推动企业社会责任的落地执行。李伟阳等归纳了企业推进社会责任管理的演化路径：基于纯粹道德的驱动——基于社会压力的回应——基于风险的防范——基于财务价值的创造——基于综合价值的创造，此路径从道德层面到综合价值创造的层面，是回归理性的发展方式[1]，对责任管理的不同阶段给出了解释，还有不同学者对企业社会责任管理体系进行了不同的探索。Waddock等（2002）在借鉴全面质量管理的基础上，倡导在产品的质量得到保障的同时，

[1] 李伟阳，肖红军. 企业社会责任的逻辑[J]. 中国工业经济，2011（10）：87-97.

需要考虑利益相关者的责任管理，将企业社会责任合理地融入企业发展的价值观、战略与流程等管理体系之中。Leigh和Wooblock最早提出了全面责任管理（Total Responsibility Management，TRM）的理念，其中主要涉及构建责任战略、构建责任管理系统，并建立可行的责任指标体系等，其宗旨是将企业社会责任的理念融入企业战略并逐步落实的过程[1]。黄文彦、蓝海林通过对我国企业社会责任现状的分析，指出从加强责任理念、设立责任机构、披露责任报告等方面强化我国企业社会责任的管理体系[2]。侯仕军通过对企业社会责任管理现状的分析，指出应该构建一个基于环境描述、责任联合、战略内化的全面的社会责任管理体系[3]。李伟阳、肖红军指出，企业社会责任管理体系是以综合价值目标实现为导向的新型管理系统，构建了全面社会责任管理的“3C+3T”模型[4]。买生等提出将“全球契约十项原则”、ISO 26000指南等整合到一体化框架下，提出了一体化企业社会责任管理体系[5]。近期，中国企业社会责任研究中心构建了企业社会责任六维管理体系，包括企业社会责任战略、企业社会责任治理、企业社会责任融合、企业社会责任绩效、企业社会责任沟通和企业社会责任调研6个方面，系统地论述了在企业社会责任“四位一体”理论模型下责任管理的框架体系，并在PDCA循环（该循环由美国质量管理专家休哈特博士提出，是全面质量管理应遵循的科学程序）系统中逐步实现。

责任管理体系是将企业社会责任融入企业的战略发展之中，并通过企业的管理体系逐步表现出来的过程，因此，不同的学者从管理的不同视角构建了不同的责任管理体系。

---

[1] LEIGH J，WADDOCK S. The Emergence of Total Responsibility Management Systems: J. Sainsbury’ s（plc）Voluntary Responsibility Management Systems for Global Food Retail Supply Chains[J]. Business and Society Review，2006，111（4）：409-426.

[2] 黄文彦，蓝海林. 我国企业社会责任管理之探讨[J]. 科学学与科学技术管理，2006，27（6）：129-132.

[3] 侯仕军. 企业社会责任管理的一个整合性框架[J]. 经济管理，2009（3）：153-158.

[4] 李伟阳，肖红军. 全面社会责任管理：新的企业管理模式[J]. 中国工业经济，2010：114-123.

[5] 买生，汪克夷，匡海波. 一体化企业社会责任管理体系框架研究[J]. 一体化企业社会责任管理体系框架研究，2012，33（7）：153-160.

2.2 职业体育俱乐部的企业社会责任理论

2.2.1 职业体育俱乐部

职业体育俱乐部是从事法定经营活动，且具有企业法人资格，以营利为目的的职业体育组织，职业体育俱乐部具备完全的企业法人性质[1]。同时，鲍明晓也指出，职业体育俱乐部一般指专门从事运动训练、竞赛和表演活动的具有独立法人资格的实体[2]。职业体育俱乐部在国内外的发展状况是不尽相同的，国外的多数职业体育俱乐部都是经营性的企业实体，较为成熟；而在国内，由于职业化时间较短、职业化程度不高出现了一系列诸如假球、黑哨等负面事件，这是市场化与职业化发展不成熟造成的，也是我国职业体育俱乐部企业社会责任缺失的主要体现。

职业体育俱乐部既是职业体育发展的主要承载主体，也是职业体育发展的时代特征。职业体育是按照市场发展的基本规律，将职业赛事及其相关服务作为商品进行销售并获得利润的一种经济活动[3]。职业体育需要职业体育俱乐部承载其商业运营、利润提升、市场开发、风险管理等市场行为。职业体育俱乐部在国外的发展已有100多年的历史。在国外，很多职业体育俱乐部会以联盟的形式出现，成为职业体育联盟，世界上第一个职业体育联盟——职业棒球联盟（MLB）于1876年成立于美国。职业体育联盟是通过向观众提供竞赛表演及其相关联的产品，以市场运作的方式达到营利为目的的经济组织与社会单位[4]。职业体育联盟通过制定联盟章程，维护俱乐部经济上的稳定与发展，达到公平竞争与利益共享。1876年后，美国又相继成立了职业篮球联盟（NBA）、职业橄榄球联盟（NFL）、职业冰球联盟（NHL）

[1] TRACEY P，PHILLIPS N，HAUGH H. Beyond philanthropy：Community enterprise as a basis for corporate citizenship[J]. Journal of business ethics，2005，58（4）：327-344.

[2] 鲍明晓. 中国职业体育述评[M]. 北京：人民体育出版社，2010：31.

[3] 张林. 职业体育俱乐部运行机制[M]. 北京：人民体育出版社，2001：7-8.

[4] HOWARD L，JAMES H. 运动社会学[M]. 王宗吉，译. 台北：洪业文化事业有限公司，2000：52.

等。1888年英国成立足球联盟，1898年意大利成立职业足球联盟。职业体育联盟成为职业体育俱乐部的利益共同体，职业体育俱乐部依靠职业体育联盟实现利益分配。在国内，1992年的“红山口会议”确定足球作为我国体育职业化的先锋。1994年，14支足球俱乐部以主客场的形式征战全国足球甲级联赛，开始了我国体育职业化、产业化的进程[1]。随后，篮球、排球、乒乓球等陆续进行了职业化改革。中国足球超级联赛作为国内足球的顶级赛事正式开始于2004年。2006年4月，中国足球协会与所有中超俱乐部共同成立了中超联赛有限责任公司，推动了足球市场化的发展进程，同时也产生了国内垄断型的职业体育经营模式，这也是我国职业体育俱乐部市场化运作的正式开端。学者们进行有关职业体育俱乐部的研究，多数是从以下3个方面展开的。

（1）关于职业体育俱乐部的属性问题。在国外，职业体育俱乐部的运营属于联盟，而联盟的最高权力机构是由各成员俱乐部的老板组成的，如NBA的最高权力机构是执行委员会，英超的最高权力机构是各职业体育俱乐部的老板组成的代表大会，他们都是俱乐部老板的联盟，通过协商与投票表决来决定联盟的重大事务，并通过透明管理、公平民主、利益共享、风险分担，从而形成经营的整体[2]，因此职业体育俱乐部应归属于各自联盟。在国内，足球职业联盟成立并运营，是指中国足球协会委托足球职业联盟负责国内足球职业联赛的运营，真正的权利仍归属中国足球协会。目前，职业联赛的管理部门是各项目的运动管理中心，在掌控联赛运营的同时，这些管理部门也属于国家体育总局的直属机关，从而导致职业联赛管办不分，各职业体育俱乐部的老板作为俱乐部资源的拥有者却无权参与有关赛事运作。同时，国家体育总局运动管理中心与俱乐部之间又不存在隶属关系，因此二者间经常存在不和谐的问题，导致职业体育俱乐部积极性下

[1] 李军岩．商业模式视角下我国职业体育发展定位研究[J]．沈阳体育学院学报，2013，32（6）：21.

[2] 尹海立．我国建立职业体育联盟的可行性分析[J]．上海体育学院学报，2005，29（4）：45-48.

降、联赛水平不高等现象。但国内经过多年职业体育俱乐部的发展，很多体育协会设立了职业体育俱乐部准入机制，对职业体育俱乐部的标准进行了设定，极大地推动了职业体育俱乐部的发展。以足球为例，2011年公布的《中国足球协会职业联赛俱乐部准入实施细则》指出，职业联赛包括中国足球协会超级联赛和中国足球协会甲级联赛，准入条件对足球俱乐部的性质与形式、俱乐部经费、俱乐部收益、参赛条件等给出了明确规定；并指出，参加中超、中甲联赛的职业足球俱乐部须尊重并遵守《中国足球协会章程》，积极参与社会公共、公益事业，承担中国足球运动的普及与推广责任，获得中国足球协会批准参加中国足球协会职业联赛，具有独立法人资格；同时设立了A、B、C 3个职业联赛准入标准。

（2）职业体育俱乐部的制度与组织结构问题。李荣日[1]指出，现阶段我国职业体育俱乐部制度的重新设计与规划非常重要，主要包括基本制度再造、经营开发制度再造和专项管理制度再造3个部分，具体又可分为宏观法制、产权制度、市场分析制度、有形与无形资产开发制度及财务管理、物资管理、训练与竞赛管理、人力资源管理等制度的再造与重塑。也有学者从财务评价的角度分析职业体育俱乐部的管理，指出俱乐部的营利能力与清偿能力可以通过建立一个财务二级数据指标体系，结合财务报表进行职业体育俱乐部的财务评价[2]。职业体育俱乐部除了制度的建立以外，在组织结构上也是较为复杂的，其作为体育赛事的生产者，通过运动员和教练员发挥价值；作为体育赛事投入品供应者，与体育赛事产生部门也发生着交易关系[3]。职业体育俱乐部的制度建设与组织结构完善是俱乐部正规化与职业化的基础，也是一个长久的系统工程。

[1] 李荣日. 职业体育俱乐部制度再造理论要素研究[J]. 体育文化导刊，2013（4）：13-16.

[2] 杨应威. 职业体育赛事财务评价[J]. 财会通讯，2014（20）：68-69.

[3] 罗建英，丛湖平. 商业性体育赛事网络结构特征及其关系[J]. 体育科学，2010，30（4）：11-20.

（3）职业体育俱乐部的法律与风险管控问题。朱琳[1]从体育产业法律风险的角度指出，职业体育俱乐部作为体育企业，应该从制定并完善各项规章制度、建立健全法律风险防范机构与专业人员、加强法律顾问制度建设等方面构建法律风险防范机制。周进强[2]强调，按照我国企业与公司法的相关规定，职业体育俱乐部享有企业法人财产权，在俱乐部法人授权范围内，其经营者可以以独立企业法人的身份对财产行使支配权。王小平等[3]从体育法律关系主体资格的角度分析了责任承担主体的问题，表明足球“黑哨”的责任主体应是中国足球协会，而赌球和假球行为是俱乐部、球员、庄家共同侵犯了承办方与观众订立的服务合同而建立的债权债务关系，法律上应当共同承担侵权责任。

我国职业体育俱乐部研究方面涉及较广，包括归属与物质层面、制度与结构层面、风控与精神层面，从微观、中观、宏观都进行了解读，但研究成果的总量与深度都是不够的，尤其是关于职业体育俱乐部的机制与体制的研究。

2.2.2 职业体育俱乐部的企业社会责任

企业社会责任的理念是从道德层面逐步发展到制度层面的，是从感性得知到理性管控的不断演化与发展过程，在法律制度上的约束促使企业社会责任趋于规范化、合理化与制度化，并随着时间的推移，会逐步发展到价值观提升的层面。当然，在当今时代首先通过法律的约束具有较高的理论意义[4]。因此，周爱光、闫成栋[5]指出，职业体育俱乐部企业社会责任是职业体育俱乐部对其投资者、球员、社区、球

---

[1] 朱琳. 体育产业法律风险防范机制构建研究[J]. 西安体育学院学报，2009，26（4）：424-427.

[2] 周进强. 职业体育俱乐部管理问题研究[J]. 天津体育学院学报，2002，17（1）：58.

[3] 王小平，马宏俊. 论体育法律关系主体资格特征及其确立[J]. 北京体育大学学报，2005，28（9）：1169-1171.

[4] 冯果，辛易龙. 公用企业社会责任论纲——基于法学的维度[J]. 社会科学，2010（2）：70-78.

[5] 周爱光，闫成栋. 职业体育俱乐部社会责任的特征与内容[J]. 北京体育大学学报，2012（35）10：7.

迷和其他参赛俱乐部等利益相关者的合法权益以及公平竞争的比赛秩序所负有的保护和促进的法律义务。庞徐薇、陈锡尧[1]从利益相关者视角构建了职业体育俱乐部评价指标体系。Babiak和Wolfe[2]指出，应加强职业体育俱乐部的制度化建设，将企业社会责任作为俱乐部的一种制度化责任，并通过俱乐部拥有的独特竞争优势与资源去履行社会责任从而产生显著的影响力，增强俱乐部的社会地位。张森[3]以Carroll的企业社会责任理论为依据，提出我国职业体育俱乐部应具备7个维度的企业社会责任，并对其进行了排序，分别为慈善责任、社区责任、战略责任、领导责任、道德责任、法律责任和利益关系人责任。

研究认为，职业体育俱乐部是指专门从事运动训练、竞赛、表演及其相关活动的具有独立企业法人资格的实体。依据企业社会责任“四位一体”理论模型，本研究对职业体育俱乐部社会责任从责任管理、社会责任、市场责任和环境责任4个方面进行现状阐述。

2.2.2.1 责任管理

职业体育俱乐部应遵守和维护比赛秩序，加强责任管理。职业体育俱乐部作为比赛资源的拥有者，应积极维护比赛秩序，承担起应有的社会责任。俱乐部既要诚实守信，避免罢赛与退赛的失责行为，同时也要维护公平的竞争秩序，杜绝假球与黑哨等不当操纵比赛的行为。职业体育俱乐部应加强责任机构、机制与体制建设，努力构建完善的责任管理体系，维护良好的责任形象，减少罢赛、退赛等失责行为。职业联赛中出现类似的罢赛、退赛等失责行为，会严重损害体育道德与竞赛秩序，职业体育俱乐部为此不仅应受到协会内部的处罚与管理，更应该接受法律上、道德伦理上的规范与约束，通过企业社会责任管理的手段加以指导。而诸如假球与黑哨等操纵比赛的不当行

[1] 庞徐薇，陈锡尧. 我国职业体育社会责任评价指标体系的构建[J]. 上海体育学院学报，2012（9）：51-54.

[2] BABIAK K，WOLFE R. Determinants of corporate social responsibility in professional sport：Internal and external factors[J]. Journal of Sport Management，2009，23（6）：717.

[3] 张森. 我国职业体育俱乐部社会责任理论与实践研究[J]. 体育科学，2013，8（33）：17.

为，违背了职业体育俱乐部向市场提供合格比赛产品的基本职能，损害到投资人、观众、球迷等多种利益相关者的根本利益，俱乐部首先要加以制止，避免矛盾进一步激化而产生社会问题，影响到社会秩序，而后要由相关责任人承担相应的责任以及寻找并弥补职业体育俱乐部责任管理漏洞。

2.2.2.2 社会责任

职业体育俱乐部的社会责任包括社区责任、员工责任等多个方面。在承担社区责任方面，职业体育俱乐部应高效地服务于所在的社区或城市，只有得到社区或城市的拥护才可能逐步发展并得到更多的支持，同时可以产生大量的正面效应，如促进当地社区的经济发展、增强社区居民的文化认同与归属感、加强社区居民的相互沟通、改善社区居民的生活质量、提升所在城市的知名度等。当然，职业体育俱乐部的不当行为也会给社区或城市带来一些负面效应，如引起的交通堵塞、噪声污染等，会给当地居民带来很多困扰。然而，社区或城市依然会为了这种有形或无形的利益而争夺比赛申办权，城市也会为了激发职业体育俱乐部产生相应的正面效应而为其提供体育场馆、补贴等多种有利条件，职业体育俱乐部作为回应，会尽力生产高质量的体育比赛及相关服务[1]。以足球俱乐部为例，2011年，在欧洲足球联合会的委托下，伦敦大学对43个欧洲国家足球协会和112家顶级联赛俱乐部的社区责任进行了调查，结果显示，有89%的俱乐部开展了与学校合作教育，有81%的俱乐部开展了社区青年发展计划（图2–5）。数据表明，欧洲足球职业体育俱乐部的社区责任已经非常成熟，也得到了当地社区居民的大力支持与拥护。与此同时，其他国家的足球俱乐部在社会责任方面也进行着较多的努力，如美国足球大联盟对当地社区的体育设施给予了很大的投入以及努力加强社区足球文化建设等，日本的足球联盟要求所有球会的名称中必须要体现所在社区的名称，为将

[1] 裴洋．反垄断法视野下的体育产业[M]．武汉：武汉大学出版社，2009：345.

职业足球文化逐步推向社区做出了很多努力[1]。

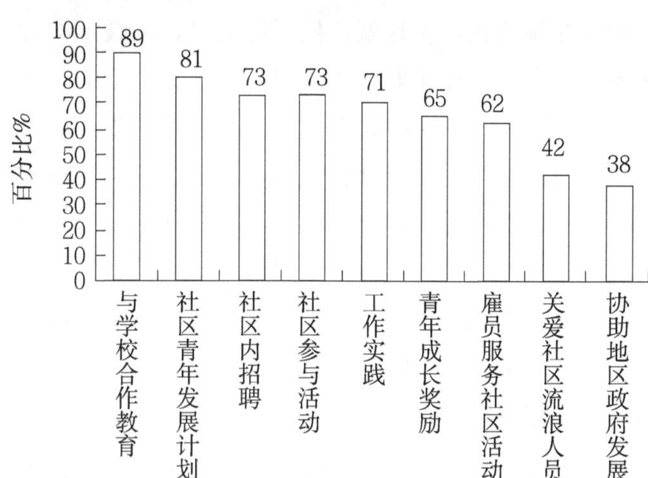

图2-5 欧洲足球俱乐部社区公共服务示意图

员工作为职业体育俱乐部的主要利益相关者，员工的被关爱程度非常重要。梁斌（2013）指出，在曼联足球俱乐部的主场比赛日会有大量临时雇员被雇用，雇员的激增引起了很多研究关注员工被关爱的社会问题。只有员工被足够地关爱，才能保证比赛的顺利进行以及将来员工的踊跃参与，因此，很多俱乐部都开展了广泛的员工关爱活动，涉及员工的在职培训、雇用老年人与残疾人、员工一对一帮扶、员工活动等多个方面。除了员工关爱，职业体育俱乐部应更加尊重和保障运动员的劳动权利。运动员作为员工的一大类，与俱乐部之间签订有劳动合同，运动员将自身的运动技能出售给俱乐部而获得俱乐部给予的劳动报酬，这种运动技能作为一种特殊的人力资本，是俱乐部与运动员之间进行买卖的核心产品，而优异的运动成绩也必须依靠运动技能的卓越发挥与展示[2]。因此，拥有卓越运动技能的运动员是职

[1] 梁斌．企业社会责任理论下的职业足球俱乐部社会公共服务研究[J]．体育科学，2013（33）6：54-55.

[2] 于善旭，闫成栋．体育市场中运动技能的法律保护[J]．天津体育学院学报，2005（21）：7.

业体育俱乐部重要的生产要素，但运动技能会随着人体机能的变化而无法始终保持在巅峰状态，这就产生了运动员运动技能的劳动雇用制度。这种制度一方面受托于职业体育俱乐部，另一方面取决于运动员与职业体育俱乐部达成的谈判结果[1]。运动员拥有的法定权利与通过谈判达成的约定权利是一组兼容社会权属性与自由权属性的权利类型，统称为劳动权[2]。运动员作为特殊的劳动者，其拥有的权利应得到相应的保护与支持，按照法律规定尊重与保障运动员的合法劳动权，让其健康、安全、有尊严地从事比赛及相关活动并获得应得的劳动收入，是职业体育俱乐部社会责任的重要内容。

2.2.2.3 市场责任

职业体育俱乐部的主要产品是赛事，赛事的属性决定了俱乐部之间需要维持竞技实力的相对平衡。体育赛事不同于单纯的表演，只有通过水平相近的对手进行激烈的角逐，才能吸引大量的观众。在比赛方面，任何一家职业体育俱乐部都会为了赢得比赛、完成俱乐部的运营目标而竭尽全力，同时，任何比赛都需要双方共同参与才能进行，才有输赢可言，也才会完成俱乐部的运营目标。因此，比赛双方必须保持公平、公正、公开的竞争原则，才能使比赛更具观赏性与价值感，这就要求俱乐部之间共同维护比赛的顺利进行，维护整个运营平台的共同利益，承担起共同应有的社会责任。但比赛终究会有输赢，在这个过程中，按照“马太效应”，优质资源会大量涌入冠军方，而较弱的一方只能获得相对较差的资源而导致越来越弱，原有的势均力敌的平衡被打破了，共同承担的维持精彩赛事的市场责任也随着弱者愈弱而无法实现，进而损害到俱乐部、观众等利益相关者的利益。在股东、投资人、合作伙伴等方面，他们对俱乐部进行了投资与合作，职业体育俱乐部应对他们进行保护与限制。他们因为投资与合作而获

[1] Dodd. Whom Are Corporate Managers Trustees? [J]. Harvard Law Review，1932（54）：1145－1153.

[2] 徐颖. 劳动权问题研究综述[J]. 中国劳动，2004（1）：28－30.

得了被保护的权利[1]，然而，在职业体育俱乐部追逐经济效益的同时，不能违背体育比赛公平竞争的原则，因此，相对职业体育俱乐部而言，追求比赛的健康发展与市场绩效是同等重要的。职业体育俱乐部既要保证股东、投资人、合作伙伴的相应回报，还要承担起保证比赛产品的社会价值而维护观众利益的社会责任，这也是对股东、投资人和合作伙伴需要限制的方面。在球迷方面，职业体育俱乐部应维护球迷的合法权益。球迷作为职业体育赛事的主要观众，不仅提升了球场比赛氛围，而且为职业体育赛事带来了大量的直接与间接收入，并且球迷对赛事是非常热衷的，他们的热衷程度是一种高贵的精神支持，甚至可以延续几代人对相同赛事的热爱，其对球队的感情是一种专用性投资，很难轻易转移[2]。这种热爱可能超越了多数的消费者甚至是职业体育俱乐部的管理人员，他们的大力支持保证了职业体育赛事的顺利进行，职业体育俱乐部应保护球迷的合法权益，积极践行应有的社会责任，促使球迷的这种热爱形成良性循环。

2.2.2.4 环境责任

环境保护一直都是各种企业社会责任活动的热点。职业体育俱乐部在举办职业赛事的同时会带来诸多的环境问题。比如，交通拥堵、噪声污染，甚至是垃圾问题，引起了环境包含部门等多方的高度关注。在2006年足球世界杯举办时，组委会在水资源保护、废物回收、节能和高效交通等方面就曾做了有益的尝试[3]。同时，各国均倡导在职业赛事过程中加大环保活动，希望能通过自身的努力带动职业联赛中的环保意识，如欧洲的多家足球俱乐部以身作则，参与到了废物减少、污染预防、环保设备投资、使用可再生资源、加入环保组织等活

---

[1] 郑振龙，林海．法律和投资者保护：国际比较[J]．福建论坛：经济社会版，2007（227）：29－33.

[2] 郑志强．职业体育的组织形态与制度安排[M]．北京：中国财政经济出版社，2009：261.

[3] DOLLES H，SÖDERMAN S. Addressing ecology and sustainability in mega-sporting events：The 2006 football World Cup in Germany[J]. Journal of Management & Organization，2010，16（4）：587-600.

动之中[1]。

上述内容从责任管理、社会责任、市场责任和环境责任4个维度概括了职业体育俱乐部企业社会责任的发展现状。责任管理部分论述了通过职业体育俱乐部加强责任管理体系的建设规避罢赛、退赛、假球、黑哨等球场不良行为；社会责任部分论述了职业体育俱乐部对社区的责任、员工关爱以及保障运动员的劳动权利等内容；市场责任部分通过赛事价值的分析，论述了职业体育俱乐部对股东、投资人、合作伙伴、球迷等的责任体现；环境责任部分强调要充分减少赛事过程中的环境污染。职业体育俱乐部的企业社会责任通过多个方面逐步得到实现。

2.3 企业社会责任竞争力

企业是社会的产物，通过生产和提供社会所需的物品和服务产生价值。企业作为社会的有机组成部分，必须通过社会、道德、政治、法律、经济等全面反映其所在社会共享的价值观[2]。这些价值观的遵循是企业社会责任的主要体现，企业与社会共享的价值观越接近，其相应的核心竞争力就越强。

关于企业竞争力的界定主要集中在竞争优势的保持与企业综合能力的提升上。企业竞争力可以通过产业结构与竞争规则的调整影响企业的战略制定，进而赢得竞争优势[3]，并提升竞争力，因此企业竞争力可以是一个企业对其行为效益有贡献的各项活动，主要体现为竞争优势的保持；同时，具备不可或缺的、无法取代的优质资源，企业也可以获得持续的竞争优势[4]。我国学者金碚指出，企业竞争力是一个企业

[1] THE JAPAN PROFESSIONAL FOOTBALL LEAGUE. Japan For Sustainability [EB/OL]. http：//www. j–league. or. jp/eng/.

[2] WILSON，IAN. The New Rules of Corporate Conduct：Rewriting the Social Charter [M]. Quorum Books，Westport，CT，2000：214.

[3] 迈克尔·波特. 竞争战略[M]. 北京：华夏出版社，2005：35.

[4] BARNEY J. Looking inside for Competitive Advantage[J]. Academy of Management Executive，1995（9）：49–61.

可以持续地向市场提供较强竞争性的产品或服务，并获得营利和自身发展的综合素质[1]。通过细化，企业竞争力可以主要从产品质量、获利能力、企业形象和品牌形象、人力资本、创新能力等指标去衡量。

2.3.1 企业社会责任竞争力的本质

2.3.1.1 企业竞争力的内涵

企业竞争力是一个直观而又难以界定的概念，国内外学者对此定义各有不同。由于企业竞争力的复杂性，有的从企业的市场表现来定义[2]，有的从企业竞争力的影响因素来定义[3]，有的从企业竞争的过程来定义[4]，有的从综合的角度来定义[5]。其中，对企业竞争力的定义大多采用“企业+竞争力”的模式，即企业竞争力决定了企业在现实和未来竞争中的地位，企业竞争力体现了企业包括长期竞争因素等的整体竞争优势。在技术进步大大缩短产品生命周期的情形下，企业必须拥有对产品甚至产业进行再选择的资源、能力和环境优势，也就是拥有整体上的企业竞争力。

由于研究的侧重点不同，对企业竞争力的定义也不同。本研究将企业竞争力定义为企业面向市场和顾客的需求，合理地运用企业内部、外部资源，提供市场和顾客所需要的产品或服务，在与竞争对手的角逐中比其他企业更有效地向市场和顾客提供所需的产品和服务，获得营利和自身发展，并在这一过程中建立起竞争优势的综合能力。

企业竞争力不仅是企业的永恒追求，也是企业理论界研究的焦点、主题和归宿。在持续生存和发展的目标下，企业竞争成功与否是

[1] 金碚．论企业竞争力的性质[J]．中国工业经济，2001（10）：5-10.

[2] 温素彬，李慧，焦然．企业文化、利益相关者认知与财务绩效——多元资本共生的分析视角[J]．中国软科学，2018（4）：113-122.

[3] 汪秋明，陶金国，付永红，等．环保产业集聚绩效影响因素的实证研究——基于宜兴市环保产业集聚企业调查问卷数据[J]．中国工业经济，2011（8）：149-158.

[4] 刘志辉，李辉，李文绚，等．基于多维框架的企业竞争威胁测度方法研究[J]．情报学报，2017（7）：149-158.

[5] 卢长宝，于然润，段奕君．体育产业与旅游产业对接的长效机制[J]．体育科学，2011（9）：27-33.

以健康生存及发展的时间长短以及长期收益高低为衡量准则的。在资源稀缺、市场需求有限、企业异质、环境差异条件下，不同企业满足需求的能力是不同的，因而在争夺市场的竞争中显示出的竞争力也不相同。在优胜劣汰的竞争法则下，竞争力弱的企业最终将被逐出市场，失去生存的空间。那些能够存活下来的企业，存活时间越长，长期收益就越大，表明企业自身对外部环境变化的适应力越强，企业竞争力也越强。企业之间竞争力的差异，既源于企业掌握的竞争所需的资源和能力的差异性[1]，也受到外部市场[2]、政治经济体制、文化、社会、自然环境等[3]多方面的影响。能够长久存活且不断壮大的企业一定比生存期短、能力弱的企业在满足市场所需的一些关键资源、能力、环境因素方面有优势，这些优势最终体现在企业的产品或服务上，吸引着顾客购买其产品或服务。因此，企业的竞争力就是在一定环境中支撑企业持久生存与发展的力量，这种力量来自企业持续拥有的、有价值的、稀缺的超群性和独特性资产所形成的产品或服务优势。

企业竞争力的本质主要表现在以下4个方面。

第一，企业竞争力主要体现在其占有较大的市场份额、创造价值和利润以及寻求自身创新发展能力方面。而企业能否使自己的产品获得消费者的认同，决定着资本循环能否顺利完成和再生产能否持续进行。企业的市场能力和营销能力也是促成其适应市场的能力，利润是决定企业使命和目标实现的根本，因此创造价值和利润的能力是企业竞争力的根本所在。

第二，企业竞争力是在生产、经营过程中所形成的，即企业竞争力是动态的，而不是要素静态地呈现出来的结果。企业在各种资源的配置、战略规划、产品设计、市场营销、采购、生产、销售及管理过

[1] 韩松，王莉．我国体育产业与养老产业融合态势测度与评价[J]．体育科学，2017（11）：3-10.

[2] 田广，郭敏．我国体育产业与体育用品对外贸易互动关系研究[J]．天津体育学院学报，2018（5）：399-406.

[3] 何胜保．“京津冀都市圈”体育产业结构演化与经济增长的耦合关联研究[J]．首都体育学院学报，2016（1）：18-22.

程中逐渐形成企业的竞争力。

第三，企业竞争力是环境的存在物并且受到其周围环境的影响和制约，即企业的竞争力与产品、产业、国家竞争密切相关，制度环境、政府政策、市场环境、技术环境、法律环境、教育和文化环境等都影响企业竞争力。

第四，企业竞争力是企业所具有的和表现出来的综合性质。决定和影响企业竞争力的因素很多，而且这些因素之间也经常发生相互间的作用。所以，企业竞争力的各种因素都不是孤立存在的，它们总是作为一个整体对企业的存在状态发生作用或产生影响。从企业竞争力的定义可以看出，企业竞争力是其生存和发展的长期决定因素。但是，企业经营的成败也不是仅由其竞争力或影响竞争力的因素决定的。

2.3.1.2 企业社会责任竞争力的内涵

由于诸多理论和实证研究结果都表明企业承担社会责任能够对企业竞争力产生正向影响，所以有的学者及组织将这种社会责任形成企业竞争优势的现象加以概括，继而提出了“社会责任竞争力”这一理念。现有的文献表明，率先提出这一理念的是欧洲企业社会责任协会。

在我国，现有的研究文献显示，最早是由殷格非于2005年9月在中欧企业社会责任北京国际论坛上提出了责任竞争力的概念[1]。他认为，企业在履行社会责任运用自身专业优势解决环境、社会等方面问题时，既提升了经济效益，也增强了企业责任竞争力，企业社会责任竞争力即是企业运用自身专业优势履行社会责任获得经济效益的综合能力。因此，他提出了责任竞争力公式：责任竞争力=专业优势+社会责任+经济效益。殷格非解释道，之所以提出企业责任竞争力主要是由于以下原因。

第一，为了更全面地理解企业社会责任。殷格非的核心思想是：

[1] 范阳东．企业社会责任的内涵及其特征——基于演化的视角[J]．贵州社会科学，2015（7）：136-142.

企业社会责任体现在企业经营管理的整个过程，并不是外部强加的。一个企业运用专业优势解决社会问题是履行社会责任的表现，如果这些表现能够获得经济效益或竞争力，企业社会责任的履行也就具有了连续性，这是最好的履行社会责任的模式。

第二，澄清了一些关于企业社会责任的认识误区。现有的企业办社会论、企业捐赠论及企业负担论等观点其实都是片面认识，责任竞争力的提出有利于澄清企业社会责任的认识误区。

第三，为了解决履行社会责任和实现经济利益之间的问题。有些企业认为社会责任的履行只是单纯地为社会做贡献，不能有利益上的追求，否则就是动机不良。这种观点无形中错误地将道德责任、企业利益和社会责任履行混为一谈了。

第四，提供一个企业履行社会责任是否具有可持续性的衡量尺度。

殷格非认为，企业可持续发展的概念是在企业社会责任和可持续发展概念演变过程中衍生出的。企业可持续发展即企业要实现长期可持续的经营，必须综合考虑经济、社会和环境3个方面因素，统筹经济、社会和环境3个方面目标，兼顾所有利益相关者的利益。根据这些，责任竞争力被重新定义为：企业利用专业优势解决人类所面临的经济、社会和环境等可持续发展面临的问题，即企业发挥其核心社会功能，也就是履行社会责任的同时，经济效益也能得以同步提升。责任竞争力的公式仍然是：责任竞争力=专业优势+社会责任+经济效益，但公式中社会责任的含义发展为企业根据自身实际解决经济、社会和环境等人类可持续发展所面临的问题和挑战。

同时，殷格非、于志宏和崔生祥在《责任竞争力——全球企业社会责任最佳实践》一书中，也将企业社会责任竞争力归类为责任竞争力。《WTO经济导刊》的研究将责任竞争力定义为：企业主动将社会、环境的关切融入企业的生产经营过程，满足利益相关者的需求，以实现企业的可持续发展。

就企业社会责任竞争力的本质而言，其本质含义如下。

第一，社会责任竞争力的本质含义是关于公平和效率的问题。这里所说的责任是组织对其利益相关者的责任，其本质含义是对利益相关者的利益实现和期望满足，尤其是利益正相关者之间的利益实现和期望满足的平衡问题。也可以说，责任要求组织平衡好各利益相关者之间的利益实现和期望满足，公平地对待每一个利益相关方，所以责任的本质属于公平范畴的问题。而竞争力的本质则是一个关于效率的问题，是组织在利用人、财、物资源上的效率比较问题。哪个组织能更有效地利用人、财、物等自然资源和社会资源，其就更有效率，就能占有更多的资源，提供更多的产品和服务。任何一个组织都面临着公平与效率的问题，而责任是公平范畴，竞争力是效率范畴，组织必须面临和考虑责任和竞争力的问题。所以，从本质上讲，社会责任竞争力是关于公平与效率的问题，这不仅是对企业，对所有组织都是这样的。

第二，社会责任竞争力的本质意义是一种可持续发展理念。简单地讲，一个组织如果只有责任而没有效率，虽然考虑了利益相关者的利益和期望，被利益相关者所认同，但却未考虑自身的生存和发展，也会难以得到社会的认可；同样，一个组织如果只有效率没有责任，只关心自身的利益而不考虑利益相关者的利益诉求，即使能够获得暂时的效益，但终究不会被利益相关者所接受，也难以获得长久的发展。责任竞争力是鱼和熊掌兼得，强调在正确平衡各利益相关者的利益和期望时，也要关注企业自身的效益和效率。唯有如此，组织才能持久地发展下去，同时通过促进利益相关者的发展，也可以促进社会的可持续发展。因此，从可持续发展的本质意义上分析，责任竞争力为组织可持续发展理念的实践提供了一种可借鉴的新理念。

第三，社会责任竞争力是社会责任概念和社会责任体系的深化和发展[1]。在ISO 26000《社会责任指南》中，企业社会责任被认为是企业以透明的和符合伦理道德的方式，将利益相关者的期望（包括对法律和国际行为规范的要求等）融入企业的各项生产经营活动，使企业

[1] 李红亮. 社会责任：现代企业的“善治”旨归[J]. 江汉论坛，2014（3）：68-74.

的各种决策和活动都能够贡献于社会的可持续发展，包括对社会的健康发展和社会福利的贡献。ISO 26000《社会责任指南》中的企业社会责任的概念既体现了企业社会责任的目的（促进可持续发展），也体现了企业履行社会责任的方式（将社会责任理念和要求整合到企业的决策和活动中）。责任竞争力是对企业社会责任的深化和发展，一方面，责任竞争力是企业通过履行社会责任促进可持续发展这一企业社会责任目的的具体化；另一方面，责任竞争力也是企业将社会责任理念和要求融入企业决策和活动的具体衡量标准。

在当今社会中，企业社会责任和企业竞争力之间应该是紧密联系的一个整体，二者之间应该是相辅相成、共生共存的关系。企业的社会责任应当是企业竞争力的重要组成部分，没有社会责任的企业不可能形成其核心竞争力，而具备了核心竞争力的企业必定需要以履行社会责任为基础和前提，从这个层面来看，二者是手段和目的的关系。

随着当前企业间竞争方式的转变，企业的社会责任已经成为一项越来越重要的“软实力”[1]。经济全球化带来了企业竞争环境和竞争规则的改变，越来越多的国际企业把企业责任视为竞争力的一种现实变现，称之为软竞争力。所谓软竞争力是指公司在责任理念和高尚的道德水准方面的竞争，硬竞争力是指在质量、技术、资源与制度等方面的竞争。

企业社会责任作为新时代企业竞争力的一个重要来源，使得现代的众多企业的竞争力必须包含与企业社会责任相关的因素，因此企业是否具有社会责任感已经逐步成为判断企业能否在全球化运作中成功、能否形成自身竞争力的决定性因素之一。企业认真履行其企业职责、自觉承担与之相关的社会责任时，可以提高获取外部资源和社会认可的能力，因此企业社会责任已经成为新时代、新环境下企业竞争力形成和培育的主要来源。企业社会责任是责任竞争力必不可少的一

[1] 杨明. 我国体育用品制造企业软实力构成要素研究[J]. 中国体育科技，2016（5）：3-10.

个要素，企业社会责任竞争力是企业社会责任和企业专业优势的有机结合，对企业来说，要想拥有强大的责任竞争力，就必须在这二者上下功夫，促进二者有效地发挥作用。

因此，本研究认为，企业社会责任竞争力是企业结合自己的内部能力，履行企业应该承担的社会责任，在承担、履行社会责任的过程中形成企业内部能力和外部环境等各个环境的竞争优势，从而在市场竞争中表现出来的一种综合能力。

2.3.2 企业社会责任对企业竞争力的机制与影响

关于企业社会责任对企业竞争力的影响研究已是学界的一个主要研究方向，但此类研究相对较为零散且不够系统。国外的相关研究主要集中在以下4个方面[1]。一是企业履行企业社会责任对成本、收益的影响分析。二是企业社会责任对供应链决策的影响分析。企业通过供应链进行决策已成为众多消费品牌的主要特征，同时也表明企业社会责任已成为企业品牌的竞争优势。三是企业社会责任对企业战略的影响分析。企业通过声誉变量形成具有差异性的竞争优势，进而全面影响企业的战略发展。四是对不同规模企业的企业社会责任战略进行区别探讨与研究。一般来说，只有大型企业将正式的企业社会责任战略与其管理系统相互融合，中、小企业却并非如此。

国内相关研究主要集中在企业社会责任对企业竞争力的机制与影响研究上。在机制与核心竞争力的建设方面，邓子纲指出企业社会责任对企业核心层竞争力的影响主要体现在企业文化、价值观念、自主创新能力、战略规划及企业形象等方面[2]。杨蓉等通过分析样本公司企业社会责任与核心竞争力的关系，指出我国上市公司企业社会责任成本与核心竞争力之间在总体上呈现较强的正相关，根据我国的实际情况，要提高企业核心竞争力，应强化企业的企业社会责任意识，处理

[1] 禹海慧，曾鹃．国外企业社会责任研究综述[J]．改革与战略，2010，26（3）：174-177.

[2] 邓子纲．企业社会责任对企业核心层竞争力影响的研究[J]．湖南社会科学，2008（2）：87-90.

好利益相关者关系，完善信息披露制度[1]。杨蕙馨等通过机理匹配原理，指出企业社会责任与竞争战略的成功匹配能够实现企业自身资源和外部环境的动态耦合、企业社会责任与业务的有机结合及企业产品与服务和社会公众需求的有效对接，从而产生独特的顾客价值效应和资源获取的“杠杆效应”，实现产品、制度和组织3个层面的竞争力提升[2]。

在企业社会责任对企业竞争力的影响方面，易开刚认为履行企业社会责任可以从以下几个方面影响并提升企业的竞争力：有利于提升企业的财务业绩；有利于降低企业运营成本、提高效率；有利于提升企业社会形象；有利于企业吸引和留住优秀人才；有利于企业取得国际市场的通行证和攻克贸易壁垒[3]。邵兴东从企业环境、企业资源和企业能力的视角分析并指出，通过企业社会责任战略管理，可以使企业社会责任的承担由成本转化为可创造价值的企业资源与能力，形成企业的竞争优势[4]。魏农建等从顾客满意的角度分析了企业社会责任行为对企业竞争力的影响，指出企业声誉和顾客感知价值，对顾客满意和顾客忠诚有显著的间接影响，进而可以提高企业的综合竞争力[5]。寇小董等以利益相关者为基础，提出从渠道、资源、能力和社会4个维度构建企业社会责任对企业竞争力关系模型，指出企业应针对不同的利益相关者承担有区别的企业社会责任方案，以达到提升企业竞争力的目的[6]。田虹等通过分析企业社会责任的可见性和透明度对竞争优势的影

[1] 杨蓉，杨宇．企业社会责任与核心竞争力——基于中国上市公司的实证研究[J]．华东师范大学学报：哲学社会科学版，2008（5）：90-96.

[2] 杨蕙馨，刘建花．企业社会责任与竞争战略的匹配机理及实现路径[J]．河北经贸大学学报，2016，37（5）：63-67.

[3] 易开刚．民营企业社会责任：内涵、机制与对策——基于竞争力的视角[J]．经济理论与经济管理，2006（11）：65-69.

[4] 邵兴东．企业社会责任形成竞争优势的机理研究[J]．湖北社会科学，2009（12）：88-91.

[5] 魏农建，唐久益．基于企业社会责任的顾客满意实证研究[J]．上海大学学报：社会科学版，2009，16（2）：106-120.

[6] 寇小董，孙艳丽，赵畔．企业社会责任对企业竞争力的影响研究——基于利益相关者的角度[J]．湖南社会科学，2014（5）：142-145.

响与作用机制，表明企业社会责任的可见性和透明度对企业竞争优势有显著正相关，同时企业声誉对其关系具有部分中介作用[1]。邵兴东等通过分析知名企业华为和碧桂园在转型期运用企业专长解决社会问题，得出结论：企业社会责任行为是企业健康的外在表现，企业健康是企业持续竞争优势得以实现的基础和前提[2]。

通过上述分析得知，不论是理论研究，还是实证研究，均可证明企业社会责任对企业竞争力呈现正相关的影响，提升企业竞争力需要将企业社会责任的履行与承担放到企业战略中，成为企业战略的有机组成部分，逐步分解到企业的管理行为中，才能提高企业的核心竞争力。然而，企业社会责任通过对企业竞争力的影响机制而逐步形成的企业责任竞争力并不是偶然的，其背后有深层次的社会、企业、市场等各个主体变化的原因。具体来讲，可以分为以下3个方面。

第一方面，社会文化为责任竞争力的产生提供了必要的准备[3]。20世纪90年代以来，世界各国越来越多的跨国公司都在积极探讨什么是企业责任以及如何更好地承担企业责任，我国的企业为了建立自身的竞争优势，也融入这一趋势。因此，近年来，有关企业社会责任的各种研讨会、交流会不断召开，有关企业社会责任的著作也相继出版发行，中国媒体也积极跟踪报道跨国公司以及我国企业社会责任的实施情况，这些都表明企业正在通过社会责任来形成自己的责任竞争力。第二方面，企业在追逐利益的过程中必须将责任嵌入竞争力之中[4]。随着人们的价值观、消费观的改变，消费者越来越关心他们所购买的商品是否符合基本的人权标准和环保标准。许多企业也注意到，

[1] 田虹，潘楚林，姜雨峰. 企业社会责任可见性和透明度对竞争优势的影响——基于企业声誉的中介作用及善因匹配的调节效应[J]. 南京社会科学，2015（10）：17-25.

[2] 邵兴东，孟宪忠. 转型期中国企业战略性社会责任——以华为和碧桂园为例[J]. 经济与管理研究，2015，36（9）：121-129.

[3] 高锡荣，刘思念. 企业基础研究行为驱动模型构建[J]. 科技进步与对策，2018（20）：64-71.

[4] 肖红军，阳镇. 共益企业：社会责任实践的合意性组织范式[J]. 中国工业经济，2018（7）：174-192.

应以公众利益为前提，否则就会在市场竞争中处于劣势，也就是在逐利的同时必须要承担责任，否则就可能失去参与竞争的资格，因此必须通过社会责任来实现其责任竞争力的提升。第三方面，多变的企业竞争以及市场压力从客观上助推了责任竞争力的出现[1]。伴随着企业管理从质量管理、环境管理到以社会责任为核心的全面管理的转变，企业面临的市场竞争内容也随之发生变化，传统的成本、质量等竞争要求已经成为最基本和最平常的标准，而现在消费者最关注的是企业承担企业社会责任的速度、一致性、多样性、安全性和商业道德等关键因素，这都必然要求企业具有责任竞争力。

2.3.3 不同地区与行业的企业社会责任竞争力

面对不同的地区与环境，企业社会责任对企业竞争力的作用是有明显区别的，而且针对不同的地区与环境，可以寻找到更好的企业社会责任发力点，更有利于增强当地企业的竞争力。邓泽宏等通过实证研究得知湖北企业竞争力与企业对股东、员工、消费者、社区、政府、环境等责任投入正相关。从长期来看，企业坚持全面的发展战略，承担企业社会责任有助于企业竞争力的提升，有利无弊[2]。中国路桥工程有限责任公司基于对海外市场利益相关者的企业社会责任分析研究，建立“三位一体”的企业社会责任竞争力绩效评价体系，指出应该对各驻外机构从经济绩效、社会绩效和环境绩效3个模块进行企业社会责任综合评价[3]。曾江洪等则以长株潭地区524家企业为例，从社会责任、社会资本与竞争力关系的视角进行实证研究，结果显示，企业履行企业社会责任可以有效地提升企业竞争力，其中社会资本发挥

[1] 王风华，严淑军. 嵌入社会责任的企业管理协同创新路径探析[J]. 财务与会计，2018（18）：11-14.

[2] 邓泽宏，何应龙. 企业社会责任对湖北企业竞争力的影响研究[J]. 湖北社会科学，2013（10）：65-68.

[3] 中国路桥工程有限责任公司. 海外市场社会责任竞争力的培育[J]. 企业管理，2014（12）：58-60.

一定的中介作用[1]。张中元关注了我国企业海外投资问题之后，提出要规范对外承包，保护国内外员工合法权益，构建和谐劳资关系，积极引导境外企业加强文化建设，倡导企业树立环保理念，提供制度保障等应对政策，并强调面对不同的情况应给予有差异化的企业社会责任措施[2]。

企业社会责任存在于所有的行业，通过行业的细分和针对性的分析与研究，可以解决该行业面临的主要问题，并改善和加强该行业企业社会责任对竞争力的提升。田虹分析了通信行业上市公司企业社会责任与企业绩效的关系，结果表明，当期公司企业社会责任指数与企业竞争力呈现显著正相关关系，前三期企业社会责任指数与企业竞争力的正相关关系也非常显著[3]。张旭等通过对医药上市公司的实证研究表明，企业承担社会责任越多，竞争力越强；前期企业社会责任表现会增强当期企业竞争力，尤其是近3年的企业社会责任表现会显著影响企业竞争力[4]。马少华等通过研究指出，农业企业社会责任对企业竞争力具有显著的正向影响，尤其是战略性企业社会责任更为突出[5]。杨蕙馨等指出，文化企业社会责任能满足文化产业发展过程中的社会性和文化性要求，降低文化贸易过程中的多种市场壁垒，提升品牌知名度，更有利于文化产业的全球化发展[6]。通过上述分析得知，以具体区域或行业为研究对象，结合利益相关者理论、企业社会责任指标体系构建、具体企业调研、企业面板数据分析和企业绩效考核等，找到研究对象所存在的问题与解决方法，将企业社会责任与企业竞争力更好

---

[1] 曾江洪，何苹，雷黎涛. 社会责任、社会资本与竞争力关系的实证研究——以长株潭地区企业为例[J]. 经济经纬，2014，31（4）：110-115.

[2] 张中元. 中国海外投资企业社会责任：现状、规范与展望[J]. 跨国经营，2015（12）：68-72.

[3] 田虹. 企业社会责任与企业绩效的相关性——基于中国通信行业的经验数据[J]. 经济管理，2009（1）：72-79.

[4] 张旭，宋超，孙亚玲. 企业社会责任与竞争力关系的实证分析[J]. 科研管理，2010，31（3）：149-157.

[5] 马少华，欧晓明. 农业企业社会责任、企业声誉与竞争力研究——基于上市公司的经验数据[J]. 经济与管理，2014，28（7）：50-55.

[6] 杨蕙馨，艾庆庆. 全球文化产业竞争下的文化企业社会责任[J]. 广东社会科学，2014（1）：28-36.

地融合在一起，可为企业寻找更好的责任竞争力的解决方案与应对策略。

通过社会责任竞争力的综合分析表明，企业社会责任竞争力是指将企业社会责任融入企业的战略以及日常管理行为之中，并逐步提高企业绩效的一种竞争力。不论是有关企业社会责任对企业竞争力影响的宏观研究，还是企业社会责任对不同地区、不同行业企业竞争力的微观研究，均证明企业社会责任对企业竞争力具有积极正向的影响作用。

2.3.4 企业社会责任竞争力的提升

结合企业社会责任竞争力的形成机制与我国企业的实际，一方面企业可以通过履行社会责任积累良好的社会声誉、关系资本和社会资本，进而赢得市场的认可。这些外部竞争要素对企业竞争力构建与提升都是非常重要的，同时这些要素又都与企业承担的社会责任密切相关，正是这些要素形成了企业与其他企业的不同之处。另一方面，企业通过履行社会责任对企业内的产品、制度、企业文化也起到了提升和促进的作用，这是企业对自身能力的提升。具体来讲，企业社会责任竞争力提升的路径有以下几个方面。

2.3.4.1 社会积极倡导：形成有利于企业社会责任竞争力实现的良好氛围

第一，企业角色由“经济人”向“社会人”的转变。企业作为一个经济实体，在大多数情况下其行为仍体现在“经济人”的层面上，这就决定了它必须追求利润，通过实现利润寻求发展，但现今企业追求的价值最大化并不能完全等同于利润最大化，而是在实现利润最大化的过程中取得企业品牌、企业信誉、社会形象等多方面利益的最大化。作为一个“社会人”[1]，就要努力为构建和谐社会承担更多的社会责任、为社会做贡献，这是企业社会责任的核心。未来可持续发展的

[1] 肖红军. 国有企业社会责任的发展与演进：40年回顾和深度透视[J]. 经济管理，2018（10）：5-26.

企业，应该是能够将社会、环境及利益相关者的责任成功地融入企业战略、组织结构和日常经营过程的企业，而“社会人”观念的建立和实现则是这个方法得以实现的有效途径。把社会责任融入企业生产和经营活动的主流中，被视为企业生存和长远发展的重要前提，这就从客观上要求企业应充分了解企业所处的市场和环境，自觉、主动地把社会责任纳入企业发展的中长期目标中。

第二，倡导“绿色”消费，开展绿色生产[1]。一些不合理生活方式是造成生态环境恶化、能源短缺的根源之一，因此，我们应当鼓励公众选择“绿色”消费。同时，企业进行绿色生产，就可以提高能源利用率，也可以换取到新的竞争优势（消费者对品牌的好感），使产品价格、市场份额得到提升。另外，绿色生产、绿色设计、绿色材料供给等价值活动所隐含的技术和知识也使绿色竞争力难以被一般的企业模仿，从而使企业获得持续竞争优势。绿色竞争力已经成为企业核心竞争力的重要组成部分，甚至成为企业生存和发展的基础能力之一。

第三，发挥媒体的强大外部力量。2018年5月23日，亚足联—中国足球协会社会责任项目上海站公益捐赠及志愿者推广活动在上海市体育运动学校举行。此次活动得到众多机构的协办，并得到了上海绿地申花足球俱乐部、上海上港足球俱乐部的大力支持。活动传播了足球公益理念，发挥了足球的社会责任功能。通过开展足球比赛、捐赠足球物资、开展培训和宣讲等活动，关爱社会弱势群体，传递正能量，发挥足球的社会公益价值。通过众多企业的参与，让更多的足球从业者了解履行社会责任的重要性，而且能起到呼吁社会各界关爱弱势群体的作用，极大地提升了活动的价值，也提升了企业的竞争力[2]。

---

[1] 辛杰．企业生态系统社会责任互动：内涵、治理、内化与实现[J]．经济管理，2015（8）：189-199.

[2] 赵红丹，孙文愿，徐晶．互联网企业伪社会责任事件的演进及治理——基于事件系统理论的案例分析[J]．企业经济，2018（10）：93-100.

媒体对企业犹如“鸟之双翅，马之四蹄”，既可以让你展翅高飞、扬鞭策马，也可以使你折“翼”沉沙、马失前蹄。通过媒体的宣传推广，社会责任的正能量将会极大地提升企业的竞争力。

2.3.4.2 企业推进落实：构建实现企业社会责任竞争力的战略保障体系

第一，树立企业社会责任价值观和“以人为本”的企业文化[1]。企业的社会责任价值观是要在各方利益的相互牵制中做出抉择，这就要求企业建立起处理企业与利益相关者之间关系的价值导向，并要使这种价值观转变成企业的具体目标，这就务必使价值观的建立与企业最高领导人所做的承诺保持一致。企业对员工的人文关怀会增强员工自身的归属感，进而提升企业的生产效率和效益，这种责任的承担有利于企业文化的形成。强调“以人为本”，更加自主、自觉地尊重劳动者的权利，维护其合法权益，同时承担更多的社会责任，以形成积极进取的企业精神和更具人性化的企业文化，对内可以激发劳动者的创造力和凝聚力，对外可以强化企业形象，提高企业竞争力。

第二，选择有效的方式承担并履行企业社会责任[2]。企业承担社会责任将不可避免地会增加经营成本，因此企业承担社会责任必须讲究方法，要在承担社会责任的过程中把经营成本控制在一定的范围内，并把企业社会责任引起的社会效应最大限度地转化为现实生产力，更好地把社会责任转变为竞争力和可持续发展能力。企业最基本的社会责任就是把企业做好，选择有效的方式承担社会责任，使企业与社会和谐发展。总之，如果企业社会责任与经济利益处于同时约束条件下的利益最大化，便可长期持续存在，企业也将达到最大效果的社会责任竞争力。

[1] 王青，徐世勇，沈洁．企业社会责任文化促进企业可持续发展的机制研究——以江森自控为例[J]．中国人力资源开发，2018（3）：149-158.

[2] 于飞，刘明霞．制度压力对企业社会责任的影响作用——基于高层管理者视角[J]．技术经济，2015（11）：127-135.

第三，打造企业品牌形象。拥有知名企业品牌，特别是国际认可的企业会相对更容易地获得更高利润。品牌不仅来源于产品本身，更来源于企业的形象，原因就在于现代消费者从注重产品逐渐转变到越来越重视企业本身，不仅关心产品本身的质量，也越来越关注企业的信誉及形象[1]。企业行为与社会责任息息相关，企业通过主动承担社会责任，可以将其变成一种企业品牌的投资、企业信誉的投资以及企业社会形象的投资，从而有效地提高企业社会责任竞争力。

第四，制定并实施企业社会责任战略管理。企业承担社会责任增强竞争力的战略制定后，就要将社会责任战略付诸实施[2]。企业应从发展目标和发展战略出发，将企业社会责任理念与标准融入企业的使命和文化中，使其成为企业核心价值观的重要组成部分，并且不断地适应企业发展环境的变化，通过有效的评估和反馈，使利益相关者实现互利共赢，从而形成企业的社会责任竞争力，实现可持续发展。具体内容包括企业社会责任项目与企业内外部资源需要匹配、与企业的核心价值观相结合、建立企业社会责任的组织机构与制度体系、建立企业社会责任教育的培训体系、建立企业社会责任预警应急体系、建立企业社会责任沟通反馈体系、社会责任战略的评价与控制等。

2.3.4.3 政府引导督促：构筑有利于企业社会责任竞争力实现的政策基础

第一，政府引导和推进的重要性。政府是影响企业社会责任竞争力强有力的外部因素。目前，在我国企业处在相对低层的发展阶段，特别是许多私营中小型企业经营者的道德水准有待提高，企业社会责任需要政府采取适当的强制力来推进[3]。在西方发达国家，企业社会

---

[1] 李自琼，陆玉梅．消费者企业社会责任感知对品牌资产的影响[J]．人民论坛，2015（14）：84-86.

[2] 刘建朝，王建廷，王振坡．企业社会责任战略下产业“群链”共治及其社会性升级[J]．现代财经：天津财经大学学报，2018，38（7）：36-46.

[3] 刘春济，朱梦兰．谁影响了谁：产权性质、企业社会责任溢出与表现[J]．经济管理，2018（12）：105-122.

责任体系建立并不完全是靠企业家自身觉醒促成的，而是被全社会的公民意识和各种“绿色组织”运动长期促进发展起来的。著名管理学家彼得·德鲁克曾指出：“如果企业不尽社会责任，政府一定要强制企业去履行这个责任，一个健康的企业不可能在一个病态的社会中生存和发展，同样一个健康的社会也不会允许一个病态的企业生存和发展。”当今，我国企业的发展正处在调整结构、转变方式的关键阶段，责任竞争力的权重越来越大，政府不仅承担建规立范的职责，而且在经济活动中握有资源分配的主导权，毫无疑问，政府对企业社会责任竞争力的提高是一只重要的“主推手”。

第二，制定合理的履行社会责任奖惩制度。承担社会责任对企业经营来讲，短期会增加相应成本，特别是中小型企业；而且责任竞争力的形成有一定的时间过程，这就要求各级政府管理部门，从经济发展的全局性和长期性的战略角度出发，落实建立起适当的引导机制，通过赋予履行社会责任优秀的企业税收优惠、优先政府采购权、信贷担保、减免规费等方式，用更有效的经济激励手段和其他的刺激方法来督促企业履行自身的社会责任，同时建立一系列的生态、环境、员工福利以及社区服务方面的机制作为经济补偿，以此来引导企业自觉地承担社会责任，切实帮助企业尽快形成市场竞争力[1]。例如，对于中超俱乐部中积极履行并披露社会责任的俱乐部给予税收及财政补贴等方面的优惠政策。对于不愿承担社会责任的企业应建立合理的惩罚机制，除了按照法律规定的处罚外，还要出台相应的政策措施，强制其履行应承担的社会责任，如对某些不履行社会责任的企业采用“黑名单”式的惩罚形式；对于假球、黑哨、赌球等球场违法的俱乐部，相应部门应撤销其市场准入资格或参与出场竞标的资格。对环境有不良影响的俱乐部应全面采取一些惩罚性措施，如逐步提高排污费用，以此来督促俱乐部加大对环保的投入力度，同时自觉降低俱乐部对环境

[1] 范尧. 供给侧改革背景下体育用品供需困境与调和[J]. 体育科学，2017（11）：11-20.

的污染，使俱乐部不管是从自身竞争力方面考虑，还是从社会影响方面考虑，在履行社会责任方面有适当投入。

第三，建立合适的企业社会责任会计制度。企业社会责任会计制度是为政府实施监督提供立体的参考依据，政府掌握企业在社会责任方面的第一手信息，可以便于控制企业只顾自身利益、不计社会成本的违法经营行为，可以用会计方法反映企业社会责任成本和竞争力之间的关系，并将此信息提供给管理者、股东、社会公众等相关利益者，提升企业履行社会责任的信心[1]。美国《财富》杂志每年都会评选最受敬佩的公司，评选指标包括创新能力、发展与吸引人才能力、公司资产整合能力、产品服务质量、管理质量、金融信誉、社区和环境责任感等，其中有些正是由社会责任会计报告来提供数据支撑的。社会责任会计制度在西方工业国家已经有20多年的历史，在我国基本处于初级阶段，虽然近几年理论探讨不少，但没能真正付诸实践，只有少数指标如社会积累率、社会贡献率在财务报告中得到披露，既不能全面反映企业的社会责任状况，也不能体现竞争力的变化。目前，社会责任会计制度建立的时机已经基本成熟，关键是具体的实施步骤，可以借鉴欧洲一些国家做法，将自然资源、人力资源、生态环境和社会收益4个核算内容作为会计要素，完善和规范相关会计账簿，推广实行不再以效益增加作为唯一核心内容的新的会计制度。同时，计量方法的选择要与我国国情相结合，社会责任会计提供的信息主要是非财务信息，因此，在计量单位和计量方法上也应该突破传统会计的模式，采取比较现实、灵活的做法，即在计量单位上实行多元化。

2.4 小结

企业社会责任是起源于国外的概念，经过近百年的发展，在国内外的经济社会环境、企业生存环境、企业管理理念、人类生活的自然环境等发生巨大变化的同时，学者与研究机构关于企业社会责任概念

[1] 李建发，张津津，张国清，等. 基于制度理论的政府会计准则执行机制研究[J]. 会计研究，2017（2）：3-13.

在不同的认知基础上也在逐步发生改变，至今虽未达成一致，但趋于聚向。本研究在结合前人研究的基础上认为，企业社会责任是企业在承担经济责任的基础上，从利益相关者角度出发，还需要承担社会、环境等多重的责任行为。与概念携手发展的是企业社会责任主要理论的演变与更迭，任何完整的理论体系都是具体而丰满的，从股东利益最大化、利益相关者、“金字塔”、“三重底线”等理论的推进演变，都呈现着企业社会责任丰富的内涵，最终在国内形成了适合我国国情的“四位一体”的理论体系。理论一定要指导实践的推进与发展才会产生价值，因此，在不同的时期为了企业社会责任的具体落实便应运而生了相应的评价指标体系，其中，ISO 26000《社会责任指南》在国内外多个行业中产生了深远的影响，随之在国内具体使用的是在其基础之上编写的《中国企业社会责任报告编写指南》，它由中国社会科学院经济学部企业社会责任研究中心开发完成，是国内最权威、覆盖面最广的报告指标体系的参考指南。很多企业在面对企业社会责任以及对应的指标体系时无法贯彻执行，本着“外塑形象、内强管理”的管理理念，便产生了将企业社会责任融入企业的战略发展并通过企业的管理体系逐步落地执行的责任管理体系。

面对国内最权威的企业社会责任指标体系，职业体育俱乐部的企业社会责任的指标体系却是缺失的。职业体育俱乐部作为专门从事运动训练、竞赛、表演及其相关活动的具有独立企业法人资格的实体，其在责任管理、社会责任、市场责任和环境责任4个方面的企业社会责任表现都是不够完善的，需要科学地分类并进一步强化才可能跟上其他行业的责任发展步伐。企业具备完善的企业社会责任，从根本上有利于企业的发展，并可逐步提升企业竞争力。企业社会责任竞争力是企业结合自己的内部能力，履行企业应该承担的社会责任，在承担、履行社会责任的过程中形成企业内部能力和外部环境等各个环境的竞争优势，从而在市场竞争中表现出来的一种综合能力。不论是对企业竞争力影响的宏观研究，还是对不同地区、不同行业企业竞争力的微观研究，企业社会责任对企业竞争力都具有积极正向的影响作用。企业可以通过社会积极倡导、企业推进落实、政府引导督促，全方位地提升自身的责任竞争力。因此，职业体育俱乐部与俱乐部竞争力之间的关系需要积极的探索，通过职业体育俱乐部的企业社会责任指标体系的建设为职业体育俱乐部竞争力做出积极的贡献。

3 研究对象与方法

3.1 研究对象

研究对象为我国职业体育俱乐部企业社会责任。

3.2 研究方法

本研究采用了理论与实践相结合、定性与定量分析相结合的方法，根据研究目的与研究内容的需要具体采用的方法如下。

3.2.1 文献资料法

本研究通过查阅国内外相关文献资料，对研究对象及相关概念进行了界定、梳理、分析，并对理论模型与研究假设进行了论证。具体来讲，本研究的文献资料来源于以下几个方面：首先，通过阅读和梳理国内外关于企业与职业体育俱乐部企业社会责任的文献，发现职业体育俱乐部企业社会责任研究的相关议题；其次，通过中国社会科学院经济学部企业社会责任研究中心、北京大学等相关机构获取有关企业社会责任的资料，在借鉴“四位一体”理论、利益相关者理论等的基础上，探讨职业体育俱乐部企业社会责任的发生过程和影响因素，形成职业体育俱乐部企业社会责任影响机制的理论框架，提出相应指标的关系假设；最后，参考中星云、金蜜蜂、润灵等国内企业社会责任报告评级与发布机构的相关资料，从企业管理、企业运营等角度分析我国职业体育俱乐部企业社会责任的发展。

3.2.2 专家访谈法

本研究在理论分析的同时，选择中国社会科学院经济学部企业社会责任研究中心主任、北京大学光华管理学院责任与社会价值中心主任、体育人文社会学的相关专家、北京体育大学相关项目负责人、职业体育俱乐部教练员等作为访谈专家，采用半结构化与非结构化相结合的方式进行访谈（表3-1），全部访谈过程均进行录音、转录成文字资料，并提取了关键事件指标作为参考内容。深入了解和认识职业体育俱乐部企业社会责任发生的过程，结合这些俱乐部履行企业社会责任的现状，进一步提炼职业体育俱乐部企业社会责任的内容构成要素，为确定后续的调查指标与调查对象打下基础。

表3-1 访谈专家一览表

专家	人数
中国社会科学院经济学部企业社会责任研究中心主任钟宏武博士	1
北京大学光华管理学院责任与社会价值中心主任王立彦教授、副主任杨东宁教授	2
太原科技大学企业社会责任中心主任刘传俊副教授	1
清华大学经管学院钱小军教授	1
北京体育大学足球教研室陈效科教授	1
北京体育大学乒乓球教研室主任刘丰德教授	1
北京体育大学任海教授	1
深圳大学乒乓球俱乐部贾佳教练	1
山东鲁能足球俱乐部张海涛教练	1

3.2.3 问卷调查法

（1）通过理论分析与专家访谈后，构建“我国职业体育俱乐部企业社会责任调查问卷”初始问卷，对部分中超、CBA、乒超俱乐部的管理者、教练员、运动员、工作人员等进行第一次问卷调查。调查俱乐部包括：中超，如山东鲁能、江苏苏宁、天津泰达和上海上港；CBA，如福建男篮、四川男篮、广东男篮；乒超，如深圳大学女乒、霸州海润男乒。测试人数共计252人，对测试对象进行问卷发放，共发放问卷252份，回收问卷207份，其中有效问卷176份，问卷回收率为82.14%，问卷有效率为85.02%。

（2）编制并发放“我国职业体育俱乐部企业社会责任调查问卷”正式问卷。第二次调查对象为部分中超、CBA、乒超俱乐部的管理者、教练员、运动员、工作人员等。调查俱乐部包括：中超，如广州恒大、河南建业、杭州绿城、山东鲁能、江苏苏宁、天津泰达和上海上港；CBA，如福建男篮、四川男篮、广东男篮、北京北控、辽宁男篮；乒超，如深圳大学女乒、霸州海润男乒、山东鲁能女乒。测试人数共计315人，对测试对象进行问卷发放，共发放问卷315份，回收问卷270份，其中有效问卷239份，问卷回收率为85.71%，问卷有效率为88.52%。

3.2.4 数理统计法

本研究运用SPSS 17.0和AMOS 21.0统计软件包处理数据，将主要用于回收数据的描述性统计分析、相关分析、探索性因子分析、信度和效度检验、结构方程模型分析、回归分析等数据处理。

4 结果与讨论

4.1 企业社会责任“四位一体”环境下我国职业体育俱乐部行业特色

股东利益最大化、利益相关者、“金字塔”、“三重底线”等理论的推进演变，都呈现着企业社会责任丰富的内涵，最终在国内形成了适合我国国情的“四位一体”的理论体系。针对我国企业社会责任的主要理论体系及其呈现的主要方面，访谈专家有以下观点。

我国企业社会责任的落实现在主要集中在央企与国企。外资企业、民营企业等主动承担并披露企业社会责任现状的数量较少，但随着企业成熟度的增加会逐年增多。企业承担企业社会责任主要基于利益相关者角度，包括了全面的责任行为。对投资人来说，企业应首先保证投资者的基本利益，这样才能激发投资者的热情度与满意度，才可能逐步追加投资；对广大客户与消费者而言，企业只有提供高品质甚至是物美价廉的产品、保证售后服务体系完善等，才可能吸引更多的消费者购买其产品；对供应链的合作伙伴而言，企业要监督、督促其一同履行社会责任并高效率地完成合同，才可能取得长久的合作；对企业自身员工而言，要保证员工收入、保险、安全等前提下能够取得长足的发展机会，员工才可能与企业患难与共；对企业所处社区而言，企业要懂得处理好与社区居民的关系，服务社区、心系社区，才可能得到社区的支持与拥护；对环保而言，现在国家与社区都倡导绿色经济与可持续发展，企业只有降污减排，减少资源浪费，提倡绿色发展，才可能得到政府的认可与消费者的欢迎。任何企业的发展都要符合政府的要求与规定，因此要依法经营，照章纳税，不得偷税、漏税等。同时，在企业内部要设置责任管理部门，有专人负责并设立完善的责任管理体系，将企业社会责任的理念融入企业的实际经营中，才是真正意义的履责行为。这些都是企业社会责任的体现，涉及的方面很多，要在利益相关者理论基础上，找到适合企业所属行业的规范责任标准全面执行。

因此，按照企业社会责任主流理论体系与专家访谈内容可知，企业履行企业社会责任包括很多方面，均应依照本行业企业的企业社会责任标准去执行履责行为。“四位一体”理论在国内有较强的实用性与理论性，是当代企业社会责任理论的主流标准，结合具体行业的附加指标可体现全面的企业社会责任行为。

企业社会责任“四位一体”理论是来源于“三重底线”理论与利益相关者理论基础上的，以企业社会责任管理为核心，涉及市场责任、社会责任和环境责任3个主要方面，分属于责任管理核心外围的3个点，形成一个稳定的闭环三角结构，4个部分合为有机的一体，称为“四位一体”。《中国企业社会责任报告编写指南》就是依据“四位一体”理论模型而编写的，包括通用指标体系以及46个行业的补充指标，其中没有职业体育俱乐部应遵循的指标体系。通过仔细分析发现，文化娱乐业、一般服务业等相关指标体系可以为设计职业体育俱乐部社会责任指标体系奠定基础。职业体育俱乐部是指专门从事运动训练、竞赛、表演及其相关活动的具有独立企业法人资格的实体，只有遵循一定的企业社会责任指标内容才可顺利推进职业体育俱乐部的履责进程。职业体育俱乐部作为企业法人，关于“应从哪些方面去关注职业体育俱乐部的企业社会责任”的调研，访谈专家认为：

职业体育俱乐部的企业社会责任应在全面分析的基础上考虑体育竞赛的本质，即公开、公平、公正的原则体现。公开，要求职业体育在阳光下比赛，不要有内幕、假球、黑哨等；公平，要求比赛能为消费者服务，所有人要尊重比赛的伦理道德；公正，要求裁判员公正执法、官员公正监督等，促使职业比赛成为纯净的、透明的、具有吸引力的体育产品，同时，要强化职业体育俱乐部向社会付出、负责、慈善公益的理念与行动。

结合职业体育俱乐部的行业特色与企业社会责任“四位一体”的理论体系，高度概括了职业体育俱乐部发展过程中的管理、营销、人员等非财务指标，主要涉及职业体育俱乐部的责任管理、市场责任、社会责任和环境责任4个方面。

4.1.1 我国职业体育俱乐部责任管理

我国职业体育俱乐部责任管理是企业社会责任与职业体育俱乐部经营管理的融合过程[1]，即能够将职业体育俱乐部企业社会责任的理念和可持续发展的要求融入企业战略、治理结构和日常运营的各个流程。一个职业体育俱乐部的社会责任工作做得好不好，不能仅看某几个方面的社会责任议题的表现，核心和关键是看这个职业体育俱乐部是否实现了企业社会责任与俱乐部经营的融合。针对职业体育俱乐部责任管理的议题，笔者在访谈时，专家表示如下。

职业体育俱乐部有效的责任管理是非常重要的，职业体育俱乐部应该推进责任管理体系的建设。责任管理体系符合PDCA的流程管理，包括责任战略、责任治理、责任融合、责任绩效、责任沟通和责任调研6大部分，其中责任战略的制定过程实际上是职业体育俱乐部企业社会责任的计划过程，属于P；责任治理、责任融合的过程实际上是俱乐部企业社会责任的执行过程，属于D；责任绩效和责任沟通是对俱乐部企业社会责任的评价过程，属于C；责任调研是企业社会责任的改善过程，属于A。但就目前我国职业体育俱乐部而言，上市的相对较少，市场成熟度不够，责任管理的工作还不够系统化与体系化，更多的只是关注了责任战略的呈现与计划，其他执行、评价和改善阶段的工作相对较少。

责任管理是职业体育俱乐部企业社会责任发展的基石，责任管理的体系化将是职业体育俱乐部企业社会责任发展的方向。恒大集团自2010年3月1日以1亿元人民币买断广州足球俱乐部全部股权，更名为广州恒大足球俱乐部之后，每个赛季都所向披靡，战绩卓越。截至目

[1] 王欣．社会责任融合视角的企业价值创造机理[J]．经济管理，2013（12）：182-193.

前，广州恒大足球俱乐部已成为亚洲最为成功、最具影响力的职业足球俱乐部。2017赛季，恒大集团董事局主席许家印在新赛季第一次全体会议中宣布俱乐部发展进入第二阶段，下达赛季目标，实施“交流倒位置，选拔补位置”的“一条龙”模式，以实现“打好成绩、建好梯队、实现2020年全华班”的目标，做好恒大足球发展理念、投资重心和经营方式的3个转变。这些目标与转变表明了恒大足球俱乐部的责任管理方向，体现出努力做好我国职业足球发展的企业社会责任理念，对投资人等利益相关者负责的企业社会责任议题，保持亚洲最具影响力的企业社会责任目标与规划。企业社会责任管理的本质是通过建立一套责任管理体系，有效管理职业体育俱乐部运营对利益相关者、社会和环境的影响，形成企业社会责任理念融入俱乐部经营的全过程长效机制。

我国职业体育俱乐部责任管理体系的建立是一个任重道远的过程。实现企业社会责任与职业体育俱乐部经营的融合，要求职业体育俱乐部建立一套保证职业体育俱乐部以负责任的方式运营的管理体系，推动职业体育俱乐部立足可持续发展的战略高度对职业体育俱乐部的核心价值观进行审视和重塑；建立机构完整、权责明确、运转高效的社会责任推进组织体系；基于社会责任理念和要求全面改进、丰富和完善各项制度和管理体系；建立企业社会责任绩效评价体系，加强企业社会责任激励约束机制建设；建立定期的企业社会责任报告编制与发布制度；建立完善的企业社会责任信息披露机制，全面提升运营透明度；建立良好的利益相关者关系；等等。

4.1.2 我国职业体育俱乐部市场责任

我国职业体育俱乐部市场责任是通过描述职业体育俱乐部在市场经济中负责任的行为，主要是市场绩效得以表现[1]。职业体育俱乐部的市场责任可以分为对自身健康发展的经济责任和对市场上其他利益相

[1] 陈煦江. 企业社会责任影响财务绩效的中介调节效应——基于中国100强企业社会责任发展指数的经验证据[J]. 山西财经大学学报，2014，36（3）：101-109.

关者（主要是股东、消费者和合作伙伴）的经济责任。股东责任包括投资者关系管理制度和财务绩效两个部分；消费者责任主要体现在向消费者提供合格的赛事服务及其制度保障等方面；合作伙伴责任主要体现在职业体育俱乐部对合作伙伴负责任的行为表现。关于我国职业体育俱乐部的市场责任，访谈专家认为：

第一，目前我国职业体育俱乐部最主要的责任是对股东的责任，但披露或呈现得较少，呈现或关注较多的是职业体育俱乐部对消费者的责任，即职业体育俱乐部面对消费者承担的赛事产品质量的责任，主要通过比赛的成绩、战报消息和球票的销售公告等得以体现，每场比赛都会提前宣传与渲染，对赛事产品的信息披露是主流。第二，会关注球迷的互动，依靠职业体育俱乐部，很多球迷协会应运而生，发展势头较好。第三，职业体育俱乐部会通过各种新媒体对合作伙伴与赞助商进行大力宣传与推广，以保证合作伙伴的利益得到保障。

市场责任是职业体育俱乐部赖以生存的基础，是职业体育俱乐部作为企业法人关注的核心，因此职业体育俱乐部着重披露了消费者责任与合作伙伴责任。职业体育俱乐部比赛的成绩是关键，比赛成绩是职业体育俱乐部对消费者、股东等最大的责任承担，这是职业体育俱乐部的本职责任。许家印提出的目标：恒大足球俱乐部2017年要实现“四冠王”（赛季前超级杯赛冠军、亚冠冠军、足协杯冠军和联赛冠军）的目标，到2020年要实现全华班夺冠。这便是恒大足球俱乐部对市场责任的很好体现。

百年老港打造百年俱乐部，上港集团充满信心。陈戌源董事长坦言：“俱乐部距专业化、市场化还有很大一段距离。”未来，在取得竞技成绩的同时，还要在青训体系建设、俱乐部自身改革、专业的管理能力以及自身品牌建立和市场化推介等方面大步前行。职业体育俱乐部对消费者与球迷的责任担当是非常重视的，更希望得到球迷等消费者最大的支持。

山东鲁能足球俱乐部自2016年起与“体育之窗”签订了票务整体外包协议之后，专业体育票务销售公司通过俱乐部官网等各种渠道统一分配票源。俱乐部也将会同公安机关一起，坚决打击黄牛党，整顿球票销售市场，改善球迷购票环境。通过安全购票的环节实现俱乐部对消费者责任的承担，赢得消费者的信任与支持。

职业体育俱乐部需要多方合作伙伴的支持与配合，职业体育俱乐部对合作伙伴的责任也需要得到合作方的认可。上汽集团与上港集团足球俱乐部2017赛季再次进行战略跨界合作。上港足球俱乐部为上汽集团在2016年所创造出的媒体价值已超过2亿元人民币，除了商业价值的回报之外，俱乐部在过去的两个赛季里一直引领着“申城正能量”，第一次打亚冠便在亚冠赛场上树立起良好的中国球队形象。同时，时任上港足球俱乐部总经理隋国扬曾表示：2017赛季将更大限度地将上汽品牌植入上港足球俱乐部的自主品牌活动中，上港队的教练员及球员们也将会在保证各项比赛的前提下尽可能多地参与上汽的大型品牌活动。通过多种植入品牌的活动，上港足球俱乐部将带给上汽集团更大的利益回报，承担对合作伙伴的商业责任。

因此，职业体育俱乐部市场责任必然要通过职业体育俱乐部在市场经济中负责任的行为得以体现，除了满足职业体育俱乐部投资者的财务绩效与投资者的关系管理之外，职业体育俱乐部在消费者服务体系的建立与维护、运动场所安全卫生的管理、高水准专业赛事的产生、诚信经营与公平竞争、针对特殊人群的运动服务产品、运动场所为特殊人群提供的便利性等多个方面都应积极投入。

4.1.3　我国职业体育俱乐部社会责任

我国职业体育俱乐部社会绩效主要通过描述俱乐部对社会责任的承担和贡献[1]得以表现，主要包括政府责任、运动员及员工责任、社区责任。政府责任主要是描述职业体育俱乐部响应政府号召，对政府负责的理念、制度、措施及绩效；运动员及员工责任主要是描述职业体育俱乐部对运动员及员工负责、促进运动员及员工与职业体育俱乐部

[1]　吕力．基于道德契约的企业社会绩效、责任实施与评价[J]．管理学报，2016，13（11）：1702-1709.

共同成长的理念、制度、措施及绩效；社区责任主要描述职业体育俱乐部对社区的责任贡献。笔者进行了关于我国职业体育俱乐部社会责任的访谈，专家表示如下。

目前，我国职业体育俱乐部的市场化、职业化程度不是高度发达的，甚至是处于市场化阶段的前期，因此会遵守政府的相关规定，依法经营、照章纳税，但自觉性程度可能也不是非常高涨。而社区责任是职业体育俱乐部得以生根发芽的主要方面，但如果职业体育俱乐部本身的发展还在不是非常好的状态下，可能对社区的关注也会滞后。在这种情况下，职业体育俱乐部对运动员等员工的关注是非常高的，只有运动员、教练员、支持人员都能充分调动，团队发力，职业体育俱乐部才能取得好成绩，才能使职业体育俱乐部得到较好的收益，这是职业体育俱乐部生存的根本。

职业体育俱乐部的运动员与教练员既是职业体育俱乐部社会绩效关注的重点，也是职业体育俱乐部承担责任、保证发展的主要发力点。运动员与教练员作为职业体育俱乐部市场上的核心竞争要素，各职业体育俱乐部都会投入较高的成本与精力去承担对运动员等员工的责任。教练员的年薪与运动员的转会费等高额薪酬可以视为职业体育俱乐部对员工责任体现的关键方面，如北京国安足球俱乐部高价引进前巴西队主教练邓加、上海上港足球俱乐部高额转会费引进球员奥斯卡等，职业体育俱乐部通过高额薪酬体现了对高水平教练员与运动员的责任。

对运动员培养责任的主要体现是各职业体育俱乐部的青训活动，如广州恒大足球俱乐部提出的“交流倒位置、选拔补位置”的“一条龙”青训规划，可以帮助运动员找到更适合自己发展的机会，也会督促运动员加倍努力。山东鲁能足球俱乐部创建的鲁能足校成立于1999年，学校坚持“一切为了孩子”的育人理念，引导运动员树立“做最好的自己”，致力于创建“世界知名足球学校”。2009年，学校被中国足球协会命名为“中国足球协会青少年培训基地”和“校园足球夏令营活动营地”。2017年4月，鲁能足校U16梯队整队前往巴西培训9个月，并就此启动俱乐部青训新型国际化战略之路。同时，青训活动需要通过大量实战才可以得到更大的提升，在自身梯队的赛事体系打造上，鲁能青训在2016年初步建成了包括中国足球协会U系列比赛及全运会、精英梯队联赛、海外拉练，自主举办的足校联盟杯、鲁能杯邀请赛、校内联赛、专项技术比赛等新型的竞赛体系。另外，除了对运动员的青训计划以外，俱乐部对运动员责任还体现在其他方面。例如，很多职业体育俱乐部会举办反兴奋剂知识讲座，其中山东鲁能足球俱乐部在2017年初举办反兴奋剂知识讲座之前，球队还进行了《山东鲁能泰山队规章制度》的学习，以加强运动员对相关规定的掌握。

职业体育俱乐部及运动员等的政府责任是有待进一步提高的。2016年11月14日，时任中国国足主帅里皮接受亚足联和国际足联专访时表示："要让球员懂得为国出战的责任感和荣誉感，他们在国家队只发挥了四成的水准，穿上这件球衣，他们应该意识到自己肩负着怎样的职责，为国家效力是一个球员最高的荣誉。"这也表明职业体育俱乐部平时应加强对运动员的国家荣誉感与政府责任的宣导，提高职业体育俱乐部及运动员为国家和政府奉献的意识。

职业体育俱乐部对社区责任目前主要体现在公益慈善活动等方面。例如，CBA球队与乒超球队的很多队员进社区进行了大量的公益活动，其中，上海男篮以姚明为首的公益捐赠活动、江苏肯帝亚男篮与球迷共同的植树活动、乒超球员进校园与学生互动等，都是职业体育俱乐部对社区责任的主要体现。由恒大集团首期投资11亿元，广东恒大足球俱乐部与西班牙皇家马德里俱乐部战略合作创办的恒大皇马足球学校于2012年10月9日举行开学典礼，拉开"振兴中国足球，培养足球明星"致力于青少年培训的序幕。山东鲁能泰山足球俱乐部作为中国足球青训培养的领先者，针对校园足球也做了很多工作，包括近年来举办的"鲁能梦想公园"、校园足球联赛等活动，尤其是"为留守儿童圆足球梦"公益活动，引起了社会各界的关注。

因此，职业体育俱乐部作为社会成员的一个有机组成部分，应承担应有的政府、员工、社区等责任。除了承担守法合规、倡导国家荣誉感、保障运动员与员工合法权益、加强运动员等员工的培训与健康管理、扩大慈善公益等责任外，还应更好地开展志愿者活动、配合相关部门打击非法活动、宣传健康的生活方式等，以更好地促使职业体育俱乐部融入全社会的发展。

4.1.4 我国职业体育俱乐部环境责任

我国职业体育俱乐部环境责任是指职业体育俱乐部在运营过程中，其训练、比赛、与社会互动等过程对环境产生的影响，主要体现在环境管理，节约资源，减少水、电、噪声等浪费污染，维持良好而文明的赛场人文环境[1]等方面的理念、制度、措施和绩效[2]。关于我国职业体育俱乐部的环境责任，访谈专家有以下观点。

职业体育俱乐部虽然不属于高污染行业，但由于球迷混乱造成的交通拥堵、比赛之后赛场周围的满地垃圾、赛场内外经常出现的打架斗殴事件、观众在赛场内辱骂对方运动员的不文明行为等，都造成了对自然环境与人文环境的损害。虽然举办比赛经过了主办城市的积极申请，观赏比赛已成为一种健康的生活方式，但造成的环境与交通的负面影响或负能量是不容低估的，应形成一个良好的环境管理体系与治理体系。职业体育俱乐部应加强对球迷在此类方面的引导、约束与管理，成为正能量的倡导者与践行者。同时，每家职业体育俱乐部都有自己的实训基地，甚至是多个基地，对基地的水、电、噪声等给当地社区带来的影响都应降到最低限度，以形成较好的职业体育俱乐部基地运营模式。但这些似乎并未成为职业体育俱乐部关注的重点，因此在环境治理与环境责任的承担方面的信息披露是较少的。

国家倡导绿色经营与可持续发展，因此职业体育俱乐部对环境责任的承担也应主动积极。首先，每家职业体育俱乐部都是以当地地名而命名，并受到当地政府与企业支持，在当地都会有训练的基地与场

[1] 韩盛祥．试论人文奥运与奥林匹克的赛场人文环境[J]．体育与科学，2005，26（2）：6-10.

[2] 熊静静，陈煦江．公司环境绩效对市场绩效影响分析——基于中国C SR发展指数的经验证据[J]．财会通讯，2016（4）：29-32.

馆，每家俱乐部都应为了当地城市的环境治理与美化做出贡献，训练基地与场馆的水、电、噪声等资源的浪费与污染情况都应降到最低并实时披露相关信息。其次，中超、CBA、乒超都会有大量的观众前去观赛、呐喊助威，赛场附近车辆的乱停乱放、商铺的随意设置、观众的大量拥挤等造成了“体育盛会”带来的严重交通问题与赛场内外的污染问题。虽然很多比赛当日会采取禁止通行、禁止乱设商铺、禁止观众带入赛场零食、疏通行人等举措，但环境问题依然大量存在，这需要职业体育俱乐部对观众的大力号召与引领，需要职业体育俱乐部主动、积极承担相应的环境责任。

4.2 我国职业体育俱乐部企业社会责任理论模型构建与检验研究

理论一定要指导实践的推进与发展才会产生价值，因此，在不同的时期为了企业社会责任的具体落实便应运而生了相应的评价指标体系，如ISO 26000《社会责任指南》、SA 8000等，其中ISO 26000《社会责任指南》在国内外多个行业中产生了深远的影响，随之在国内具体使用的是在其基础之上编写的《中国企业社会责任报告编写指南》，它由中国社会科学院经济学部企业社会责任研究中心编写的，是国内最权威、覆盖面最广的报告指标体系的参考。面对国内出现的众多企业社会责任评价指标体系，访谈专家有以下观点。

目前，很多企业社会责任的评价体系都是建立在对企业社会责任报告披露与评价基础之上的，这样的评价关注的只是报告的体现内容，而不一定是真实的企业社会责任行为。不应只评价企业社会责任报告，而应从实际行为的指标表现进行评价，因此首先应有具体的企业社会责任行业指标体系。

基于我国职业体育俱乐部企业社会责任的行业特点及《中国企业社会责任报告编写指南》等要求，我国职业体育俱乐部的模型指标体系的构建应具备理论性与实践性的双重属性。

4.2.1 模型的理论基础

4.2.1.1 责任管理

一个企业的社会责任工作做得好不好，不是该企业的公益慈善做了多少，也不是该企业完成了某几个企业社会责任议题的工作，正如联合国前秘书长安南所说："社会责任不是要企业做新的事情，而是以新的方式去做事。"因此，评判一个企业社会责任工作的好坏，关键和核心是关注该企业是否实现了社会责任与企业经营的融合，即能否将企业社会责任理念融入企业的发展战略、治理结构和日常运营的各流程之中。将企业社会责任理念融入企业的发展战略是前提，如黄文彦[1]、张贤慧[2]、许正良等[3]、邵兴东等[4]、赵艳荣等[5]均提出应将企业社会责任理念与工作融入企业的发展战略中，这样有利于企业系统、稳定、可持续发展。企业社会责任管理除了融入企业战略之外，还应该关注企业治理结构与日常工作流程，监督好社会责任的落实与执行，应符合企业管理的计划、组织、领导、控制等各个环节。在企业社会责任管理体系的建设方面，刘宝[6]和李伟阳分别提出了全面责任管理的管理体系概念；买生等在系统管理理论、霍尔系统工程理论和三维管理理论基础上提出了多层次的企业社会责任管理理论模型[7]；侯仕军提出企业社会责任管理的一个整合性框架，重点探讨了企业社会责任管理的动因、模式与绩效，其中企业社会责任管理模式包括配置

---

[1] 黄文彦. 基于三底线战略的我国企业社会责任管理思路[J]. 商业时代，2006（24）：53-54.

[2] 张贤慧. 战略视角的企业社会责任管理[J]. 商场现代化，2007（4）：87-88.

[3] 许正良，刘娜. 基于持续发展的企业社会责任与企业战略目标管理融合研究[J]. 中国工业经济，2008（9）：129-140.

[4] 邵兴东，孟宪忠. 可持续发展下的战略型企业社会责任管理研究——基于我国中小型制造业企业视角[J]. 生态经济，2011（4）：114-118.

[5] 赵艳荣，叶陈毅，李响. 基于战略视角的企业社会责任管理研究[J]. 企业经济，2012（9）：35-38.

[6] 刘宝. 全面责任管理——企业社会责任管理的战略性方法[J]. 生产力研究，2009（13）：155-157.

[7] 买生，李俊亭，杨英英. 企业社会责任管理系统构成研究[J]. 科研管理，2015，36（3）：145-151.

环境扫描系统、开展社会责任沟通、采取战略行动、内部协调与外部合作以及应对管理挑战5个方面，较为完整地构想了企业社会责任的管理模式[1]；而周绍朋等则从企业竞争优势的视角、企业公民理论的视角对企业社会责任管理提出了展望，指出创新将成为主要的特点、企业社会责任危机体系将被重视、企业社会责任标准化工作将继续推进[2]。这些理念可以更好地改善企业社会责任管理体系的现状与不足。企业社会责任管理体系的构建是个系统工程，包括企业社会责任战略、治理、融合、绩效、沟通和能力等多个方面，职业体育俱乐部也应从这些方面加强企业社会责任的管理，实现社会责任与职业体育俱乐部经营更好地融合。这也必然要求职业体育俱乐部建立一套能够保证运营的管理体系，以推动职业体育俱乐部的核心价值观在战略层面的重塑，并建立一套完整的责任机构监督企业社会责任的机制与体制建设、责任报告的定期披露等问题。

4.2.1.2 股东责任

股东是公司存在的基础，是公司的核心要素。从一般意义上讲，股东是指向公司出资并对公司享有权利和承担义务的人（包括自然人股东和法人股东），即股东是持有公司股份或向公司出资的人。股东作为重要的利益相关者，学者们均论述企业应承担股东责任，同时企业承担股东责任有利于公司长期可持续地发展。例如，叶敏华指出，股东责任是企业的三大责任之一，也是经济社会可持续发展的主要支柱[3]。徐士伟等分析资本市场对转让方企业社会责任的反应，研究发现转让方对股东责任与收购方股票市场预期呈显著正相关，股东责任对转让方与收购方均呈现积极贡献[4]。但在某些特定环境下，股东对企业的部分操作也会导致股东的责任与企业竞争优势持续性在某个时间段

[1] 侯仕军．企业社会责任管理的一个整合性框架[J]．经济管理，2009（3）：153-158.

[2] 周绍朋，任俊正．企业社会责任管理理论及在中国的实践[J]．国家行政学院学报，2010（3）：38-41.

[3] 叶敏华．企业社会责任与可持续发展研究[J]．上海经济研究，2007（11）：85-90.

[4] 徐士伟，陈德棉，乔明哲．企业社会责任对市场预期的影响——基于并购中的组织学习视角[J]．北京理工大学学报：社会科学版，2017，19（1）：99-107.

呈现出负相关。例如，陈承等以我国2002—2011年沪、深两市302家制造业上市公司为样本的面板数据进行分析后发现，股东的责任与企业竞争优势持续性呈现出负相关。分析原因，可能是由于企业大股东常常根据企业的成长性机会调整股利政策，成长性高的公司倾向增加投资，成长性低的公司倾向增加股利而导致的[1]。

除此以外，企业对股东的责任还体现在企业的治理结构与体系建设方面。何浚在我国上市公司的治理结构分析中指出，股东控制权的重要性[2]；刘文纲等根据利益相关者理论与我国经济社会的现状，构建了由经济责任、法律责任、环境责任、文化伦理责任和社会公益责任5个维度以及基本责任、中级责任、高级责任3个层次构成的企业社会责任体系，并指出企业社会责任首先是股东责任，保证股东利益是企业承担各种社会责任的基础[3]。然而，在股东责任承担的过程中，也呈现出了很多特殊的法律问题，如企业法人人格否认与股东责任的关系、公司终止后股东责任的问题等。例如，张宗敏分析关于公司法人人格否认情形下的股东责任问题，运用民法的原理研究得知，控制股东的责任是一种侵权的民事责任，股东不应承担一次性的补充责任，而是承担全部的赔偿责任[4]。关于公司终止后股东的责任，杨仕兵指出，公司终止后，其生产的产品或造成的环境问题等社会责任仍然由公司承担，而不应由消费者、社会或他人承担[5]。在这些问题逐步被分析与研究的同时，股东责任伴随着商业实践和社会环境的发展和成熟，也逐步得到了国际组织的认可和支持，其中影响较大的倡议和规范有《OECD公司治理原则》和ISO 26000《社会责任指南》，都强调了企业的股东权利、治理结构、透明运营等问题。对我国职业体育俱乐部

[1] 陈承，周中林．企业社会责任对竞争优势持续性的影响研究[J]．中国科技论坛，2014（5）：68-73.

[2] 何浚．上市公司治理结构的实证分析[J]．经济研究，1998（5）：50-57.

[3] 刘文纲，唐立军．我国企业社会责任体系的构建[J]．北京工商大学学报：社会科学版，2009，24（5）：28-33.

[4] 张宗敏．公司法人格否认中控制股东责任性质之探讨[J]．河北法学，2006，24（1）：110-113.

[5] 杨仕兵．论公司终止后的社会责任[J]．经济问题，2003（12）：18-20.

而言，股东作为职业体育俱乐部重要的利益相关者，职业体育俱乐部对股东应承担相应责任，主要体现在：保障股东权利的实现；保证股东价值最大化；完善治理结构，保护中、小投资者利益；规范信息披露；等等。

4.2.1.3 消费者责任

企业作为一个经济组织，服务对象就是购买其产品或服务的消费者，职业体育俱乐部也是如此，消费者会购买观赏比赛或者其他服务，但目前国际上关于消费者的定义还没有统一的定论。1978年，国际标准化组织消费者政策委员会在日内瓦召开的第一届年会上将“消费者”定义为“为个人目的购买或使用商品和服务的个体成员”，《中华人民共和国消费者权益保护法》第二条将消费者行为定义为“为生活消费需要购买、使用商品或者接受服务”的行为，ISO 26000《社会责任指南》将消费者定义为使用组织决策和活动的产出个人或团队。本研究认为，消费者是指为生活消费需要购买、使用商品或接受服务的公民个人和单位；职业体育俱乐部的消费者是指为比赛或相关消费而需购买、使用商品或接受服务的公民个人和单位。

消费者责任是俱乐部企业社会责任中重要的组成部分，俱乐部履行企业社会责任的一个重要驱动力就是为了回应和满足消费者的合理期望和要求。周祖成等指出，企业对消费者履行责任的意愿、能力和绩效，直接影响消费者对企业形象的感知和对其产品的购买意愿[1]。Drumwright指出，企业所从事的企业社会责任活动必须与其营销的目标群体的期望保持高度一致[2]。乔舒华等通过调查显示，当企业在制定战略时，84%的企业要考虑消费者的意见[3]。消费者作为产品或服务的直接使用者，对企业社会责任的感受是最直接的，也是企业最重要的

[1] 周祖成，张漪杰．企业社会责任相对水平与消费者购买意向关系的实证研究[J]．中国工业经济，2007（9）：111-118.

[2] DRUMWRIGHT M E．Company Advertising with a Social Dimension：The Role of Non-economic Criteria[J]．Journal of Marketing，1996，60（4）：71-87.

[3] 乔舒华，等．中国企业责任调查[J]．财富，2008（2）：2-13.

利益相关者之一。企业不仅要承担消费者责任，而且消费者反过来可以更好地推动企业履行更多的社会责任，消费者的消费理念和行为对社会、经济、环境等的可持续发展也有深远的作用。因此，消费者责任是企业包括职业体育俱乐部关注的焦点。鞠伯蕾等认为，企业的消费者责任可以概括为：诚信经营，提高产品质量和服务水平，尊重消费者的各项权利，包括消费者的生命安全权、知情权、选择权等一系列权利[1]。韩李静等则认为企业的消费者责任包括：经营活动遵循诚实信用的原则，依法经营，维护消费者合法权益；保证消费者的产品安全保障权；自觉推行定价公平化；提供高质量的售后服务等[2]。同时，ISO 26000《社会责任指南》指出，组织对消费者责任包括对消费者进行教育、提供准确信息、推动可持续消费、使用合理产品与服务等。消费者责任包括很多方面，只有经济主体承担较为全面的消费者责任，才能得到消费者的支持和赞许。职业体育俱乐部作为生产赛事及其相关产品和服务为主的经济主体，应全面承担其消费者责任，促进职业体育的健康、快速发展。

4.2.1.4 合作伙伴责任

我国职业体育俱乐部的合作伙伴多数指的是俱乐部的所有供应商、赞助商等，俱乐部中的教练员、运动员、医务人员、训练用品、比赛场地与环境、比赛的媒体推广与宣传、比赛的运作等都需要大量的供应商或赞助商。以2016赛季中超联赛为例，官方的合作伙伴有20多家（表4-1）。马丁·克里斯托夫（Martin Christopher）曾指出："真正的竞争不是企业与企业之间的竞争，而是供应链和供应链之间的竞争。"强调当代的竞争更多的是供应商的竞争与优劣问题。娄祝坤等基于供应链伙伴责任从要素市场扭曲程度的角度分析了财务绩效，结果发现，企业对供应链伙伴责任的投入与长期财务绩效正相关，而且随着要素市场扭曲程度的增加，民营企业的供应链伙伴责任

[1] 鞠伯蕾，金平．论企业对消费者的责任[J]．商品与质量，2012（S4）：56.

[2] 韩李静，孟骋．论企业对消费者的社会责任[J]．旅游经济研究，2012（2）：18.

投入对长期财务绩效的促进作用会得到加强[1]。不只在财务绩效上有显著影响，在职业赛场上，如果没有好的供应商提供优质的教练员和运动员，那么俱乐部将会是无米之炊；如果没有好的赛场医务人员，运动员将无法发挥临场的最大潜能；如果训练中没有好的训练用品，赛前的各种训练将无法达到教练员的意图；如果比赛没有好的环境和渲染，将没有更多的观众支持以及无法点燃运动员的激情等。这些都需要专业的供应商提供专业的人员、产品和服务，这也证明了供应链上各种供应商的复杂性特点。ISO 26000《社会责任指南》指出，供应链是“向组织提供产品或服务的活动序列或有关各方”，这个定义简明地指出了供应链系统的复杂性。

供应链的复杂性具体表现为：首先，最简单的供应链结构可以看成是一个或一系列一对一的单项过程，如某体育用品公司可以将量身打造的体育用品或训练器材出售给某职业体育俱乐部，该俱乐部将这些被使用的体育用品或训练器材形成品牌后，提供给其他职业体育俱乐部。而实际上，更完整、更常见、更复杂的供应链结构是各个活动和多个参与方互相补给或交叉供应的模式，如向体育用品公司采购其用品或训练器材的职业体育俱乐部也可以向该体育用品公司供应球员训练、身材等相关数据，而该体育用品公司可以相同的模式直接为职业体育俱乐部供应量身打造的体育用品或训练器材。这样的供应模式通常并非一种线性的流动过程，而可能是由各种活动和参与者组成的功能性网络结构。这种复杂的网络结构也使供应链上的各种活动和参与者都可能对供应链上的社会问题负有程度各异的责任，这也意味着此时供应链上的社会责任问题是系统性或者网络性的问题，需要由多方共同参与的结构性问题。其次，由合作伙伴共同构成的供应链系统是一个影响社会价值的法律关系网络，这些法律关系可以将某些利益相关者联系在一起，也可以将其割裂开来。职业体育俱乐部与供应

[1] 娄祝坤，张川．基于供应链伙伴责任对财务绩效的影响研究——要素市场扭曲程度的调节效应[J]．技术经济与管理研究，2015（9）：23-27.

商之间有商业合同关系，职业体育俱乐部与其运动员之间也有劳动法律关系，但俱乐部的某些采购行为可能对运动员不存在清晰的法律规范，如某些职业体育俱乐部的训练或比赛可能会因为媒体转播方的需要而加时训练或者加赛。因此，合作伙伴的社会责任除了要关注法律的完善以外，对于法律关系淡薄但社会价值关系较强的各方也应进行规范与约束。最后，由合作伙伴共同构成的供应链系统存在的基础是由于分工与合作的效率诉求，时间与空间的快速更迭与交融促使职业体育俱乐部的资源整合在更广阔的范围内开展。合作伙伴社会责任的问题不仅需要均衡效率与公平，而且需要考虑不同人群的不同文化、收入、法律、价值实现等需求。例如，了解恒大足球俱乐部的卓越表现，是基于满足了其教练员的文化、认知、收入等多种需求；实现了各球员的最大潜能挖掘、平台价值实现等多种需求；开发了其他工作人员的团队价值需求等。只有充分满足各方的利益或价值需求，才能达到效果的最优化。上述三点指出了我国职业体育俱乐部合作伙伴的社会责任是基于供应链基础上的复杂的多方关系网络，需要对各方的社会责任进行规范与完善。

表4-1　2016赛季中超联赛合作伙伴

合作伙伴种类	合作伙伴名称
中超联赛冠名合作伙伴	中国平安保险
中超联赛官方合作伙伴	福特汽车、京东、嘉士伯啤酒、DHL、红牛、雷曼光电等
中超联赛官方供应商	壳牌石油
中超联赛官方媒体合作伙伴	CCTV5、甘肃卫视、体奥动力、新浪体育、腾讯体育、网易体育、搜狐体育、华视传媒、体坛传媒、足球报、中国经济周刊
中超联赛公益合作伙伴	中国宋庆龄基金会
中超联赛官方图片合作伙伴	全体育传媒
中超联赛官方数据供应商	Amisco公司
其他合作伙伴	体育之窗

4.2.1.5 政府责任

政府是国家权力机关的执行机关，是国家的立法机关、行政机关和司法机关等公共机关的总和，代表着社会公共权力。我国职业体育俱乐部一般对接的是地方政府，地方政府也承担了相应的责任，正如史及伟所述，政府在帮助企业承担社会责任方面做了大量的工作，如制定促进企业社会责任建设的制度、帮助企业确定企业社会责任标准、帮助企业确立企业社会责任管理模式、引导企业构建企业社会责任机制等[1]。政府应该承担的责任可以从政治学、法学和行政管理学等角度去全面分析与诠释。从政治学角度，政府责任包括政府应该承担什么责任、向谁承担责任以及承担何种后果等问题；从法学角度，政府责任包括法律规定政府应承担何种职责或义务、采用何种方式制定政府应承担的职责或义务、采用何种制度保证政府承担相应责任等问题；从行政管理学角度，政府责任是指如何优化政府职能与治理结构并实现管理效率与服务公平的有机统一。面对政府自身承担责任之时，我国职业体育俱乐部承担企业社会责任强调的是职业体育俱乐部应该对政府承担责任。职业体育俱乐部作为主体，承担的政府责任主要有按照法律法规合法经营、照章纳税、接受政府监督、不偷税、不漏税等。

4.2.1.6 运动员及员工责任

运动员与其他员工是职业体育俱乐部财富的创造者，职业体育俱乐部的发展离不开运动员与其他员工的劳动创造，运动员的训练、比赛以及其他人员的配合都是为了职业体育俱乐部创造可观的经济价值，他们是企业社会责任所考虑的最主要的利益相关者。员工责任这个概念来源于企业社会责任中的利益相关者理论。1984年弗里曼指出，利益相关者是能够影响一个组织目标或受该目标影响的所有个体和群体[2]。员工是利益相关者中最重要的一个组成部分，对员工权益的

[1] 史及伟．企业社会责任与政府责任研究[J]．学习与探索，2009（5）：188-192.

[2] FREEMAN R E．Strategic management：A stakeholder approach[M]．Boston：Pitman，1984：58-159.

保障已成为企业社会责任最直接和最主要的内容[1]。与员工责任关系最紧密的有两个方面：一是员工责任与劳动关系。劳动关系是指在劳动过程中由劳动者与劳动力使用者所结成的一种社会经济利益关系，《中华人民共和国劳动法》将劳动关系双方的构成主体规定为劳动者与用人单位。在我国社会经济领域，劳动关系的构成形态具有两种基本类型，即个人劳动关系和集体劳动关系[2]。我国职业体育俱乐部履行运动员与员工责任的状况，将对职业体育俱乐部的劳动关系产生重要影响，职业体育俱乐部只有较好地履行运动员与员工责任，才能使劳动关系和谐稳定，从而促进职业体育俱乐部可持续发展。目前，很多企业已认识到员工在劳动中创造新的价值，通过其服务潜力为企业带来经济效益，企业要想获得可持续的竞争优势，就必须重视发挥员工的才能，尊重员工的价值，激发员工的创造力，把员工视为企业的财富，这是企业对人力资源价值的认可[3]。职业体育俱乐部的运动员与员工更是如此，他们需要巨大的创造力和潜能的挖掘，他们是职业体育俱乐部财富的最主要来源，只有充分激发运动员的潜能，职业体育俱乐部才可持续性发展。二是员工责任与体面劳动。体面劳动的概念是国际劳工组织局长胡安·索马维亚提出的，在1999年6月的国际劳工大会上他曾指出体面劳动是：劳动者的权利应得到保护，有足够的收入、充分的社会保护和足够的工作岗位。为职业体育俱乐部工作的运动员与员工为了生产精彩的体育赛事而付出的劳动，也应得到相应的保护，包括工作中的权利、稳定的就业情况、受社会保护和对话机制等方面。运动员及其他员工为主要的利益相关者，职业体育俱乐部对其责任具体包括很多内容，比如基本权益保障、劳动报酬、职业健康与安全、社会保障、发展与关爱、工会组建与发挥作用、女职工及其他

[1] 李荡，祁少云，李文．赢在责任——全球化背景下的企业战略新选择[M]．北京：石油工业出版社，2008：85.

[2] 中华全国总工会．工会基础理论概论[M]．北京：中国工人出版社，2006：110.

[3] 殷格非，李伟阳．企业社会责任报告编制指导[M]．北京：中国人民大学出版社，2010：59.

特殊人群保护等方面。员工责任涉及内容较多，也受到了很多国际倡议与规范，比较有代表性的包括以下几个。

（1）国际劳工组织与国际劳工标准。国际劳工组织于1946年12月14日成为联合国的一个专门机构，国际劳工标准由国际劳工组织代表大会起草，涵盖劳动关系中的基本原则和权利。我国是国际劳工组织（ILO）的缔约国之一，我国已批准了25个国际劳工公约，这些公约所规定的劳动权通过《中华人民共和国宪法》、《中华人民共和国劳动法》（以下简称《劳动法》）、《中华人民共和国劳动合同法》（以下简称《劳动合同法》）、《中华人民共和国就业促进法》、《中华人民共和国工会法》、《集体合同规定》等法律法规体现出来。

（2）《世界人权宣言》。《世界人权宣言》是在1948年12月10日第三届联合国大会通过的，是有组织的国际社会第一次就人权和基本自由作出的世界性宣言。其中，包括工作权、同工同酬权、休息和定期带薪休假权、组织和参加工会权、受教育权、社会保障和享受适当生活水准权、参加文化生活权等。这些权利涉及对劳动者的权益保护，被许多国际组织和各国政府广泛引用。

（3）《经济、社会和文化权利国际公约》。《经济、社会和文化权利国际公约》是联合国大会于1966年通过的，是最具影响力的国际人权文书之一。各缔约国应保障个人的权利，包括工作权、同工同酬权、组织和参加工会的权利、休息权、获得相当水准的权利等。这些权利涉及对劳动者的权益保护。

（4）联合国“全球契约”计划。“全球契约”计划是于2000年7月在联合国总部正式启动的，号召各公司遵守在人权、劳工标准、环境及反贪污等方面的10项基本原则。

（5）ISO 26000《社会责任指南》。ISO 26000《社会责任指南》中关于劳工实践方面的内容主要包括就业和雇佣关系、工作条件和社会保护、社会对话、工作中的健康与安全、工作场所中人的发展与培训等。

（6）SA 8000。SA 8000的主要内容包括9个方面，其中涉及劳工保护和工作条件的主要包括童工、强迫性劳动、健康与安全、组织工会自由与集体谈判的权利、歧视、惩戒性措施、工作时间、工资报酬8个方面。

4.2.1.7 社区责任

社区是聚集在某一领域里的人们组成的各种社会群体或社会组织，从事多种社会活动所构成的社会区域共同体。它是社会有机体最基本的内容，是宏观社会的缩影。虽然社会学家对社区的定义不尽相同，但对社区基本构成要素的认识是一致的。基于此，自从企业社会责任思想提出之初，社区就被视为企业除了股东以外较为重要的利益相关者之一[1]，社区建设也被提到国家战略的高度，企业社会责任的社区责任以及如何更好地服务社区、建设社区等问题随之出现。社区作为企业重要的利益相关者以及企业作为“社会公民”的角色，都要求企业应承担相应的社区责任，社区非常鼓励能够主动承担责任的企业公民，并视为社区的榜样加以宣传推广[2]。企业作为一个社会经济组织，其生存、发展、利润的追逐都依赖于社区的理解与支持，因此，企业应当通过适当的方式将利润的一部分贡献出来作为对社区的回报，通过自身的优势为社区的教育、扶贫、就业、公益、减少环境污染等做出贡献。社区有权对辖区内相关企业的部分事务进行管理，企业也应承担对社区的相应责任[3]。卡罗尔、布克霍尔茨认为，公司可以通过捐赠员工的时间和才智、进行财务捐赠两种基本方式对社区施加影响[4]。企业对社区的责任是企业社会责任的重要组成部分，企业的生存与发展等均以社区为基础，社区会限制或约束企业在一定条件下

[1] BERLE A A. For Whom Corporate Managers are Trustees：A note[J]. Harvard Business Review，1932（8）：1365-1372.

[2] EPSTEIN E M. Business Ethics，Corporate Good Citizenship and the Corporate Social Policy Process：A View form the United States[J]. Journal of Business Ethics，1989（8）：583-595.

[3] DAVIS K，BLOMSTORM R L. Business and its Environment[M]. New York: McGraw-Hill Book Company，1966：185-204.

[4] CARROLL A B，BUCHHOLTZ A K. 企业与社会：伦理与利益相关者管理[M]. 黄煜平，译. 北京：机械工业出版社，2004：289-303.

实现利益最大化，而不会允许其无条件地只以利润为出发点或终极目标。因此，社区要求企业必须要履行其对社区的责任，企业社区责任具有强制性、载体性、层次性、辐射性等特点[1]。企业对所在社区具有不可推卸的责任。研究表明，企业的经济效益与企业的社区责任水平呈正相关关系，服务型企业的差异更为显著[2]。职业体育俱乐部作为赛事服务企业，对社区的责任也是需要承担的。职业体育俱乐部对社区的健康教育、文化推广、公益救助、安排就业、环境建设等都可发挥积极的作用，逐步形成职业体育俱乐部与社区的良好互动与和谐发展，促进职业体育与全民健身的协调统一。

4.2.1.8 环境责任

随着资源浪费、短缺与环境污染等问题的日益加剧，企业的环境责任已然成为企业社会责任的主要内容，逐渐引起了公众的关注。蕾切尔·卡森（Rachel Carson）于1962年发表《寂静的春天》，唤醒了公众的环境意识，使得企业环境责任首次进入公众视野，改变了公众对企业只是提供优质产品和提高生活质量的传统社会角色的认识。之后兴起的以环境保护为主要内容的企业社会责任运动，给企业带来了前所未有的承担环境责任的压力。有关企业环境责任的概念，最早是由美国经济伦理学家乔治·恩德勒等提出的，他们认为企业社会责任的范围应包括经济责任、政治和文化责任以及环境责任3个方面[3]。随后，经济合作与发展组织将环境责任描述为企业在遵守相关法律法规的情况下，能够为实现企业可持续发展的目标而开展的活动。此定义将环境责任加入了企业在当地的发展中，使得企业在发展的同时必须要考虑对环境的保护。关于企业环境责任更为具体的界定为环境责任经济联盟于1992年提出的环境责任经济联盟原则，其中将企业环境责任界定为10项内容，同时强调公司董事会和首席执行官应当完全知晓

[1] 李庆文. 企业社区责任的性质[J]. 企业研究，2012（4）：180-181.

[2] 张桂蓉. 企业社会责任与城市社区建设[J]. 城市问题，2011（1）：94-100.

[3] 乔治·恩德勒. 面向行动的经济伦理学[M]. 高国希，吴新文, 译. 上海：上海社会科学院出版社，2002：47.

有关环境问题，并对相关环境问题负完全责任[1]。

企业环境责任在国内受关注较晚，具有代表性的观点有：廖小平等从企业伦理学的角度指出，企业责任伦理的缺失是我国环境污染日趋严重不可忽视的因素之一，应强调企业在责任伦理下的社会责任承担问题[2]；何显富等通过研究比较Tueker的企业社会责任初始量表和最终量表，将其修正为中国情境下的企业社会责任量表，指出企业环境责任维度是修订的5个责任维度中较为重要的指标维度[3]；韩金红从生态文明的视角对2003—2013年新疆上市公司的企业社会责任与企业价值间的关系进行实证研究，指出生态环境责任的履行与企业价值显著正相关[4]；潘永建指出，在企业社会责任原则下，公司法应兼顾利益相关者的利益，在环境侵权领域，通过相关法律迫使公司实际控制人承担应有的环境责任[5]。这些观点从不同角度对企业环境责任展开论述，强调了环境责任对企业发展的重要性，但对企业环境责任的定义却依然没有形成统一的认识，达成共识的是：企业环境责任是企业社会责任的一个重要组成部分，企业应可持续性地对环境及资源进行合理的保护与利用，这是企业对人类社会负责的体现。

因此，企业环境责任可以包括两类责任：环境法律责任和环境道德责任。其中，环境法律责任是指强制性的环境责任，这种环境责任是企业的行为造成负面影响，企业履行此责任是对自身行为的纠正，社会对其进行强制性的约束，企业一旦怠于履行或是拒绝履行，就应受到相应的惩罚；环境道德责任是指广泛性的环境责任，强调企业作为“社会公民”，应对社会承担的共同环境责任，此责任非强制性责

[1] 殷格非，于志宏. 企业社会责任行动指南[M]. 北京：企业管理出版社，2006：209.

[2] 廖小平，梁小利. 企业环境责任的伦理考量[J]. 伦理学研究，2009（4）：31-35.

[3] 何显富，蒲云，朱玉霞，等. 中国情境下企业社会责任量表的修正与信效度检验[J]. 软科学，2010，24（12）：106-110.

[4] 韩金红. 生态文明视角下企业社会责任与企业价值关系研究——基于新疆上市企业的经验证据[J]. 新疆大学学报：哲学·人文社会科学版，2015，43（4）：7-12.

[5] 潘永建. 企业社会责任视角下公司环境责任之完善[J]. 江西社会科学，2015（5）：163-168.

任，企业也不是必须要履行，一般出于企业自愿，更多的是一种伦理性和道德性的约束。环境法律责任是企业必须要履行的责任，因此会产生固定支出与成本；环境道德责任是企业自愿履行的责任，更多的是强调企业的社会属性。职业体育俱乐部在运营过程中，其训练、比赛、与社会互动等过程均会产生对环境的影响，节约资源，减少水、电、噪声等浪费、污染，维持良好、文明的赛场人文环境等责任是职业体育俱乐部面临的主要问题。

4.2.2 理论模型

根据上述基础理论分析，职业体育俱乐部企业社会责任主要从责任管理、股东责任、消费者责任、合作伙伴责任、政府责任、运动员及员工责任、社区责任、环境责任8个维度进行构建。理论模型为一个二阶9因子模型（图4-1）。理论模型包括二阶1个因子、一阶8个因子。一阶8个因子共同聚敛为二阶的1个因子，即我国职业体育俱乐部企业社会责任。

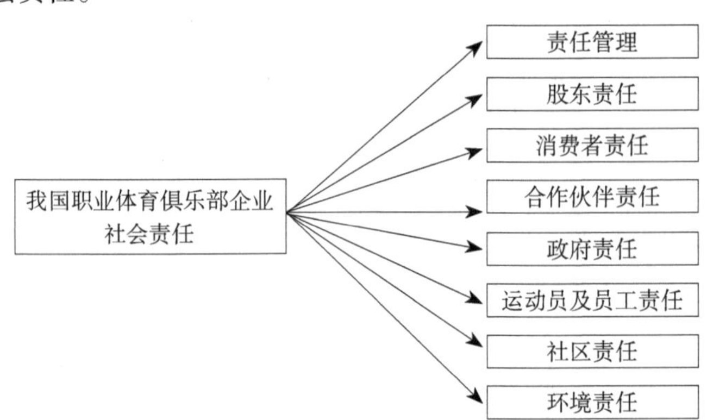

图4-1 我国职业体育俱乐部企业社会责任理论模型

4.2.3 初始问卷设计

本研究的统计数据都是通过调查问卷获得的，因此调查问卷对本研究发挥着重要的作用。抽象的理论与概念无法测量个体的真实想法与行为，必须将抽象化的概念与理论进行操作化处理，经过科学的问卷设计是必要的。为了检验之前构建的有关我国职业体育俱乐部企业社会责任理论模型，需要对该模型进行细化，将其编制成实用的调查问卷，以此收集相关数据，然后逐步对该模型以及所提出的假设进行验证。本研究问卷是标度职业体育俱乐部企业社会责任体系中各变量的一种复合表现形式，是进一步开展研究必不可少的度量工具[1]。在调查问卷的开发设计中，测验指标/项目的生成途径、方法和具体步骤的科学性将直接决定职业体育俱乐部企业社会责任测量结果的有效性[2]。Hinkin认为，问卷开发设计所需要的测验指标/项目可以从相应经历和经验的行为主体或相关文献这两个方面获取[3]。

根据此思路，结合对文献资料和关键事件访谈文本内容的分析，本研究的初始问卷题项主要来源于3个方面：（1）基于“三重底线”理论和利益相关者理论的企业社会责任“四位一体”理论模型中的一部分题项。该模型构建出一个由责任管理、市场责任、社会责任和环境责任4个维度构成的责任体系，其中，责任管理涵盖责任的战略、治理、融合、绩效、沟通和调研6个方面，市场责任涵盖客户责任、伙伴责任和股东责任等，社会责任涵盖政府责任、员工责任、安全生产和社区责任等，环境责任涵盖环境管理、节约资源能源和降污减排等。该模型将企业社会责任分为4个维度并阐释了其中的逻辑关系，但这4个维度之间未做过定量检验，因此，本研究只参考该理论模型的部分内容。（2）根据《中国企业社会责任报告编写指南》中有关运动健康产业指标体系的分析后得到的题项。《中国企业社会责任报告编写指南》是由中国社会科学院经济学部企业社会责任研究中心编写的，是国内最权威、覆盖面最广的报告指标体系的参考。该指南对第一、第二产业的主要行业的企业社会责任指标进行了构建，但对于体育产业、职业体育俱乐部企业社会责任等没有明确的指出，因此，本研究

---

[1] 许正良. 管理研究方法[M]. 长春：吉林大学出版社，2004：67.

[2] 陈晓萍，徐淑英，樊景立. 组织与管理研究的实证方法[M]. 北京：北京大学出版社，2008：235.

[3] HINKIN T K. A brief tutorislon the developmentm of measures for use insurve yquestionnaires[J]. Organizational Research Methods，1998（1）：104-124.

只参考其中有关部分内容。（3）根据本研究关键事件访谈技术所获得的文本内容经过分析后得到的题项。本研究采用半结构式访谈与非结构式访谈两种访谈方式对中国社会科学院经济学部企业社会责任研究中心主任、北京大学光华管理学院责任与社会价值中心主任、北京体育大学相关专家等进行访谈，对全部访谈过程进行录音、转录成文字资料，并提取了关键事件指标以作为参考题项。关于我国职业体育俱乐部企业社会责任调查问卷初始题项的设立，访谈专家表示如下。

调查问卷应按照“四位一体”理论的基本理念，符合《中国企业社会责任报告编写指南》的基本原则，包含内容应全面，但要符合职业体育俱乐部的行业特色。由于责任管理与环境责任两个维度不是职业体育俱乐部的主要体现内容，可以将责任管理的6个方面与环境责任的3个方面都分别概括为一个维度进行设置。社会责任中的安全生产主要是考核第一产业与第二产业的指标，因此可以考虑删除。其他维度题项的设立主要依据俱乐部责任的现状进行展开。

本研究在问卷设计开发方面，保持科学、严格的操作流程，内容包含封面信、指导语、问题及答案、编码等[1]，同时关注了以下原则：（1）主题明确地表达了研究目的以及对填答者的要求；（2）从简单问题开始，循序渐进，避免填答者失去兴趣；（3）将同一主题题目放在一起，减少填答者的混乱感；（4）避免敏感问题及重复说明[2]。结合本研究需要，问卷还设置了多项人口统计学特征的封闭式问题，用于测量被调查者的基本情况，包括性别、年龄、学历、收入、职业等。为了避免填答者在调查开始就对涉及个人敏感问题产生抵触情绪，因此本研究将调查个人统计学特征的问题设计在问卷的最后部分。

关于测量态度问题的问卷选用Likert 5级计分方法进行计分，其中“5”代表“完全同意”，“4”代表“同意”，“3”代表“一般”，

[1] 李怀祖. 管理研究方法论[M]. 西安：西安交通大学出版社，2004：198.

[2] 荣泰生. SPSS与研究方法[M]. 台北：五南出版社，2005：275.

“2”代表“不同意”，“1”代表“完全不同意”。这种态度量表填答时方便、快捷，因此被广泛采用，但也因此填答者容易受到判断上的影响而出现仁慈误差、中间倾向以及晕轮效果。仁慈误差表示填答者不经意地给偏高或偏低（负向仁慈）的评价；中间倾向表示填答者不愿意或无法表达较积极的评价取向；晕轮效果表示填答者由于对问题出现刻板的看法而导致系统性的偏差。为了尽量预防上述偏差，本问卷设计时将问题的表述与说明做了较为清晰而活泼的安排。

4.2.4 初始题项确立

结合上述问卷开发设计原则和理念、问卷题项的来源，初步设计的问卷题项如表4-2，共计8个维度、56个题项。后经多位专家对初始问卷条目的表面效度、逻辑效度和语言等方面进行了评定，结合专家对题项的意见与建议，对问卷题项进行了进一步的修改。将Q1R1的“俱乐部具有较强的社会责任理念”修改为“俱乐部经常向大家传达‘社会责任理念’”；将Q1R2的“俱乐部具有明确的社会责任承担方向或具体项目”修改为“俱乐部已经承担了明确的‘社会责任项目’”；将Q1R3的“俱乐部制定了社会责任目标与规划”修改为“俱乐部制定了明确的‘社会责任目标与规划’”；将Q1R7的“俱乐部明确利益相关者的期望并给予回应”修改为“俱乐部明确股东、教练员、运动员、供应商、工作人员等的‘期望’并给予‘回应’”；将Q2R1的“成长性”删除；将Q2R2的“收益性”删除；将Q4R1修改为“俱乐部面对供应商时，把‘诚信’作为基本价值观，并制定了相应保障制度”。修改后，编制成了“我国职业体育俱乐部企业社会责任初始问卷”并进行问卷的初试。

表4-2　初始问卷条目

变量	编码	题项
俱乐部的责任管理	Q1R1	俱乐部具有较强的社会责任理念
	Q1R2	俱乐部具有明确的社会责任承担方向或具体项目
	Q1R3	俱乐部制定了社会责任目标与规划
	Q1R4	俱乐部设立了社会责任领导机构与组织体系
	Q1R5	俱乐部具备明确的社会责任管理制度
	Q1R6	俱乐部举办了社会责任培训
	Q1R7	俱乐部明确利益相关者的期望并给予回应
	Q1R8	俱乐部制定了推动合作伙伴履行社会责任的倡议
	Q1R9	俱乐部具有内网、内部刊物等社会责任内部沟通机制
	Q1R10	俱乐部与教研机构开展社会责任合作
俱乐部对股东承担的责任	Q2R1	俱乐部向股东公布了营业收入、增长率等成长性指标
	Q2R2	俱乐部向股东公布了净利润增长率、净资产收益率等收益性指标
	Q2R3	俱乐部向股东公布了资产负债率等与俱乐部财务安全相关的指标
	Q2R4	俱乐部设立了投资者关系管理机构、制度等体系
俱乐部对消费者承担的责任	Q3R1	俱乐部建立了消费者关系管理制度
	Q3R2	俱乐部具有确保欣赏比赛或者运动场所安全的制度及措施
	Q3R3	俱乐部具有欣赏比赛或者运动场所环境卫生管理制度及措施
	Q3R4	俱乐部具有提供积极健康的比赛或运动产品的政策、制度及措施
	Q3R5	俱乐部具有为特殊人群服务的制度及措施
	Q3R6	俱乐部具有保障青少年及儿童身心健康的制度及措施
	Q3R7	俱乐部具有消费者争端解决机制
	Q3R8	俱乐部积极应对消费者投诉
	Q3R9	俱乐部对消费者信息进行了保护
	Q3R10	俱乐部采用了消费者满意度调查
	Q3R11	俱乐部拥有倡导比赛或运动服务创新的制度

续表

变量	编码	题项
俱乐部对合作伙伴承担的责任	Q4R1	俱乐部把“诚信”作为基本价值观，并制定了相应保障制度
	Q4R2	俱乐部对供应商提出了“遵守法规”“诚信经营”等责任要求
	Q4R3	俱乐部倡导供应商公平竞争的合作理念，并制定了相应保障制度
	Q4R4	俱乐部与供应商具有较高的合同完成比例
俱乐部对当地政府承担的责任	Q5R1	俱乐部具有反腐败、反商业贿赂、合规手册等守法合规措施
	Q5R2	俱乐部实际交纳了全年应交的税金总额
	Q5R3	俱乐部设立了带动就业的相关政策或措施
俱乐部对运动员及员工承担的责任	Q6R1	俱乐部严格遵守《劳动法》《劳动合同法》等法律法规
	Q6R2	俱乐部与大多数运动员、教练员等员工签订了劳动合同
	Q6R3	运动员、教练员等大多数员工参与了社会保险
	Q6R4	俱乐部为运动员、教练员等员工提供了不低于同等行业的薪酬
	Q6R5	俱乐部为运动员、教练员等员工提供了相应的每年人均带薪休假天数
	Q6R6	俱乐部在运动员及员工的雇用过程中，没有将性别、年龄、肤色、身高、伤残等生理特征以及民族、国籍、宗教信仰、政治信仰、语言等社会特征作为是否聘用的选择标准或依据
	Q6R7	俱乐部设立了较完整的职业病防治制度
	Q6R8	俱乐部雇用了一定数量的残疾人
	Q6R9	俱乐部为运动员、教练员等员工进行了一定的体检并建立了健康档案
	Q6R10	俱乐部具有较完善的培训组织机构、培训制度、培训类别、课程体系、培训考核等培训体系
	Q6R11	俱乐部具备较完善的运动员及员工意见或建议传达到高层的渠道，如座谈会、意见箱等
	Q6R12	俱乐部投入了一定的资金帮扶困难的员工
	Q6R13	俱乐部对运动员及员工进行的关于本俱乐部的政策与管理制度、工作环境、工作内容、人际关系、薪酬等的态度调查
	Q6R14	俱乐部具备员工、俱乐部和政府三方一起谈判解决关于雇用的重大问题，或者劳方集体性地通过工会与资方谈判雇用条件的对话机制

续表

变量	编码	题项
俱乐部对当地社区承担的责任	Q7R1	俱乐部为所在社区的社区建设、社区生活或社区活动等产生了积极的影响
	Q7R2	俱乐部组织了大量慈善捐赠救助活动
	Q7R3	俱乐部在当地社区举办了大量员工志愿者活动
	Q7R4	俱乐部积极配合相关部门打击非法活动
	Q7R5	俱乐部采取了确保经营活动不扰民的政策、制度及措施
俱乐部对环境承担的责任	Q8R1	俱乐部开展了环保培训与宣教活动
	Q8R2	俱乐部对比赛、活动及供应商提出了绿色环保要求
	Q8R3	俱乐部开展了环境保护公益事业方面的活动
	Q8R4	俱乐部采用了节约能源的制度或措施
	Q8R5	俱乐部采用了节约水资源的制度或措施

4.2.5 样本描述

4.2.5.1 调查对象

本研究初始问卷调查对象为部分中超、CBA、乒超俱乐部的管理者、教练员、运动员、工作人员等。关于被调研职业体育俱乐部的选择，访谈专家认为：

职业体育俱乐部的企业社会责任会随着职业体育俱乐部的成熟程度而发生变化，承担企业社会责任较好的职业体育俱乐部一般是市场化程度较高的职业体育俱乐部、集团公司投资较多而且影响力较大的职业体育俱乐部、成绩相对较好的职业体育俱乐部等，这些职业体育俱乐部满足了生存与发展的基本需要，而希望达到更高水平时自然会关注社会责任的担当，选择这样的职业体育俱乐部才可体现出较多的企业社会责任行为。而水平较低、发展较慢的职业体育俱乐部可能责任行为是较模糊的。

因此，根据此原则，笔者调研了以一线俱乐部为主的多层次职业体育俱乐部，通过不记名的方式进行调查，请被调查职业体育俱乐部的教练员协助发放问卷。此次小样本调查对象中，男性占到81.25%；从年龄分布来看，18～34岁的占到76.7%，是被调查者的主要年龄阶段；从学历分布来看，本科毕业与高中/中专毕业的分别占比为37.50%、30.11%，二者居于多数；从月收入的分布来看，相对比较均匀；从职业的分布来看，运动员占比为52.27%，超过半数，成为被调查的主要人员。综合来看，本次调查具有有效性。（表4–3）

表4-3 初始问卷被试对象一览表 *N*=176

项目		人数	百分比
性别	男	143	81.25%
	女	33	18.75%
年龄	55岁以上	0	0
	45～54岁	11	6.25%
	35～44岁	15	8.52%
	25～34岁	71	40.34%
	18～24岁	64	36.36%
	18以下	15	8.52%
学历	研究生及以上	15	8.52%
	本科	66	37.50%
	大专	29	16.48%
	高中/中专	53	30.11%
	初中及以下	13	7.39%
月收入	20 000元以上	30	17.05%
	10 000～20 000元	31	17.61%
	6 000～10 000元	48	27.27%
	3 000～6 000元	41	23.30%
	3 000元以下	26	14.77%
职业	管理者	12	6.82%
	教练员	14	7.95%
	运动员	92	52.27%
	工作人员	46	26.14%
	其他	12	6.82%

4.2.5.2 描述性统计分析

描述性统计分析一般作为统计分析的开始，可以更好地了解所收集数据的基本信息与特征状态，是将样本数据逐步概括的过程。常见的描述性统计主要从数据的集中度、离散度、分布形态等方面进行量化表述，综合这3类统计量就可较为准确与清晰地把握样本数据的分布特点[1]。本研究的描述性统计分析主要从平均值、标准差、偏度和峰度4个统计量来观测样本数据的分布特征。具体描述为：（1）平均值是最常用的“代表值”或“中心值”，用以反映某变量所有取值的集中趋势或平均水平；（2）标准差用以反映数据关于平均值的平均离散程度，标准差越大，说明离散程度越大，变量间的差异越大；（3）偏度是描述变量值分布形态对称性的统计量，偏度值等于0时表示分布对称，大于0时表示正偏或右偏，小于0时表示负偏或左偏；（4）峰度是描述变量值分布形态陡缓程度的统计量，等于0时表示数据分布与标准正态分布的陡缓程度相同。结合本研究对收回的176份问卷各题项的统计结果可以看出（表4-4），被测试各题项的平均值分布比较均衡，标准差均基本处于0.9～1.3，样本数据的离散程度不大，偏度、峰度的绝对值均小于2，可以看出，样本数据符合正态分布要求。

表4-4　初始问卷各题项描述性统计

	个数	平均值	标准差	偏度		峰度	
	统计	统计	统计	统计	标准误差	统计	标准误差
Q1R1	176	4.07	1.096	−0.939	0.183	0.114	0.364
Q1R2	176	4.26	0.978	−1.015	0.183	0.077	0.364
Q1R3	176	4.27	0.915	−0.919	0.183	−0.135	0.364
Q1R4	176	4.11	1.113	−1.195	0.183	0.838	0.364
Q1R5	176	4.12	1.076	−0.993	0.183	0.188	0.364
Q1R6	176	3.97	1.154	−0.848	0.183	−0.119	0.364
Q1R7	176	4.12	1.076	−0.993	0.183	0.188	0.364
Q1R8	176	4.06	1.043	−0.768	0.183	−0.191	0.364
Q1R9	176	4.22	1.041	−1.181	0.183	0.727	0.364
Q1R10	176	4.12	1.158	−1.197	0.183	0.657	0.364
Q2R1	176	3.86	0.970	−0.026	0.183	−1.268	0.364

[1]　薛薇．统计分析与SPSS的应用[M]．北京：中国人民大学出版社，2008：183.

续表

	个数	平均值	标准差	偏度		峰度	
	统计	统计	统计	统计	标准误差	统计	标准误差
Q2R2	176	3.79	0.972	−0.133	0.183	−0.644	0.364
Q2R3	176	3.83	0.988	−0.154	0.183	−0.767	0.364
Q2R4	176	3.92	0.953	0.000	0.183	−1.603	0.364
Q3R1	176	3.90	1.001	−0.323	0.183	−0.711	0.364
Q3R2	176	4.18	1.024	−1.006	0.183	0.165	0.364
Q3R3	176	4.18	1.030	−1.059	0.183	0.405	0.364
Q3R4	176	4.16	1.009	−0.843	0.183	−0.312	0.364
Q3R5	176	3.98	1.028	−0.572	0.183	−0.398	0.364
Q3R6	176	4.08	0.977	−0.682	0.183	−0.369	0.364
Q3R7	176	3.81	1.057	−0.399	0.183	−0.496	0.364
Q3R8	176	3.93	1.111	−0.712	0.183	−0.196	0.364
Q3R9	176	3.95	1.054	−0.666	0.183	−0.199	0.364
Q3R10	176	3.96	1.049	−0.670	0.183	−0.176	0.364
Q3R11	176	4.04	1.005	−0.627	0.183	−0.403	0.364
Q4R1	176	3.99	1.085	−0.765	0.183	−0.106	0.364
Q4R2	176	4.15	1.003	−0.748	0.183	−0.496	0.364
Q4R3	176	4.14	0.984	−0.653	0.183	−0.796	0.364
Q4R4	176	4.14	1.007	−0.833	0.183	−0.136	0.364
Q5R1	176	4.02	1.036	−0.544	0.183	−0.811	0.364
Q5R2	176	4.18	0.973	−0.662	0.183	−0.843	0.364
Q5R3	176	3.83	1.082	−0.394	0.183	−0.639	0.364
Q6R1	176	4.27	0.988	−1.362	0.183	1.529	0.364
Q6R2	176	4.43	0.966	−1.346	0.183	1.969	0.364
Q6R3	176	4.26	1.105	−1.423	0.183	1.190	0.364
Q6R4	176	3.80	1.274	−0.694	0.183	−0.570	0.364
Q6R5	176	4.16	1.127	−1.275	0.183	0.919	0.364
Q6R6	176	4.21	1.088	−1.208	0.183	0.652	0.364
Q6R7	176	4.14	1.138	−1.141	0.183	0.469	0.364
Q6R8	176	3.48	1.352	−0.442	0.183	−0.825	0.364
Q6R9	176	4.28	1.019	−1.348	0.183	1.110	0.364
Q6R10	176	4.11	1.156	−1.191	0.183	0.576	0.364
Q6R11	176	3.96	1.253	−0.964	0.183	−0.134	0.364

续表

	个数	平均值	标准差	偏度		峰度	
	统计	统计	统计	统计	标准误差	统计	标准误差
Q6R12	176	3.80	1.230	–0.740	0.183	–0.325	0.364
Q6R13	176	3.83	1.249	–0.794	0.183	–0.338	0.364
Q6R14	176	3.77	1.294	–0.817	0.183	–0.307	0.364
Q7R1	176	4.05	1.092	–0.849	0.183	–0.134	0.364
Q7R2	176	4.09	1.102	–0.933	0.183	–0.045	0.364
Q7R3	176	4.02	1.159	–0.881	0.183	–0.182	0.364
Q7R4	176	4.07	1.142	–1.055	0.183	0.381	0.364
Q7R5	176	4.11	1.103	–1.017	0.183	0.311	0.364
Q8R1	176	3.86	1.130	–0.654	0.183	–0.357	0.364
Q8R2	176	4.16	1.091	–1.161	0.183	0.569	0.364
Q8R3	176	4.07	1.116	–0.920	0.183	–0.122	0.364
Q8R4	176	4.13	1.064	–1.042	0.183	0.469	0.364
Q8R5	176	4.17	1.087	–1.154	0.183	0.565	0.364

4.2.6 项目分析

本研究项目分析主要包括定性分析和定量分析两个方面。定性分析主要是通过对自行编制的“我国职业体育俱乐部企业社会责任初始问卷”的题项内容和形式的恰当与否进行分析。在本研究中，测试题项来自利益相关者和“三重底线”理论基础之上的企业社会责任“四位一体”的理论指标、《中国企业社会责任报告编写指南》以及专家访谈研究的题项，初稿形成后又经过企业社会责任专家、体育人文社会学专家、相关测试项目专家等人员评价来保障题项内容和形式的得当。

定量分析主要是通过数理方法对项目的区分度进行分析，主要有临界比值法和相关法等方法。本研究项目分析中，主要使用临界比值法（critical ration）求出各题项的*CR*值，通过问卷中各题项的此决断值进行区分度判断。同时，吴明隆曾指出，临界比值法的原理与独立样本 *t* 检验是相同的，根据题项的总分进行高低分组，再求出高、低两组在每个题项的平均值差异的显著性[1]，根据其显著性判断该题项与总量表的同质化程度。关于项目分析的相关法，阮桂海等曾指出，相关法是根据相关系数的大小判断所测试题项与总体之间相关程度的方法，如果某一个测试题项分数与总分的相关显著，则说明该题项具有一定的鉴别能力，相关系数（r）越大，表明该题项的鉴别力越强[2]，也意味着，所测试题项与总分的相关性越高、同质性越强。反之，就表示所测试题项与总体之间的同质性较低，建议删除此题项。本研究主要通过临界比值法和相关法对项目的区分度进行分析判断。

4.2.6.1 高低组别统计描述

临界比值法首先是对初始问卷的176个数据的总分进行计算，然后按照分数的高低进行排序，取前27%者为高分组，标识为第1组，后27%者为低分组，标识为第2组，进而分别计算不同组别的平均值与标准差。每个题目高、低组的统计量如表4-5所示。

表4-5 高低组别描述统计量

题目	组别	个数	平均值	标准差	标准误差平均值	题目	组别	个数	平均值	标准差	标准误差平均值
Q1R1	1.00	48	2.92	0.986	0.142	Q4R4	1.00	48	3.29	1.051	0.152
	2.00	49	4.90	0.467	0.067		2.00	49	4.86	0.408	0.058
Q1R2	1.00	48	3.40	1.067	0.154	Q5R1	1.00	48	3.00	0.715	0.103
	2.00	49	5.00	0.000	0.000		2.00	49	4.88	0.439	0.063
Q1R3	1.00	48	3.54	0.944	0.136	Q5R2	1.00	48	3.15	0.772	0.111
	2.00	49	4.98	0.143	0.020		2.00	49	4.88	0.484	0.069
Q1R4	1.00	48	3.02	1.229	0.177	Q5R3	1.00	48	2.96	0.824	0.119
	2.00	49	4.94	0.317	0.045		2.00	49	4.78	0.587	0.084
Q1R5	1.00	48	3.04	1.071	0.155	Q6R1	1.00	48	3.52	1.072	0.155
	2.00	49	5.00	0.000	0.000		2.00	49	4.92	0.277	0.040
Q1R6	1.00	48	3.02	1.139	0.164	Q6R2	1.00	48	3.65	1.211	0.175
	2.00	49	4.92	0.344	0.049		2.00	49	4.98	0.143	0.020

[1] 吴明隆．问卷统计分析实务：SPSS操作与应用[M]．重庆：重庆大学出版社，2010：158.

[2] 阮桂海，蔡建平，刘爱玉．数据统计与分析：SPSS应用教程[M]．北京：北京大学出版社，2005：76.

续表

题目	组别	个数	平均值	标准差	标准误差平均值	题目	组别	个数	平均值	标准差	标准误差平均值
Q1R7	1.00	48	3.06	1.060	0.153	Q6R3	1.00	48	3.44	1.201	0.173
	2.00	49	4.96	0.200	0.029		2.00	49	4.94	0.317	0.045
Q1R8	1.00	48	3.06	0.998	0.144	Q6R4	1.00	48	2.77	1.134	0.164
	2.00	49	4.94	0.317	0.045		2.00	49	4.88	0.389	0.056
Q1R9	1.00	48	3.38	1.214	0.175	Q6R5	1.00	48	3.19	1.214	0.175
	2.00	49	4.94	0.317	0.045		2.00	49	4.88	0.439	0.063
Q1R10	1.00	48	3.08	1.350	0.195	Q6R6	1.00	48	3.44	1.335	0.193
	2.00	49	4.96	0.200	0.029		2.00	49	4.88	0.484	0.069
Q2R1	1.00	48	3.08	0.710	0.102	Q6R7	1.00	48	2.96	1.091	0.157
	2.00	49	4.67	0.689	0.098		2.00	49	4.94	0.242	0.035
Q2R2	1.00	48	3.08	0.821	0.118	Q6R8	1.00	48	2.71	1.166	0.168
	2.00	49	4.71	0.645	0.092		2.00	49	4.55	0.891	0.127
Q2R3	1.00	48	2.98	0.729	0.105	Q6R9	1.00	48	3.46	1.148	0.166
	2.00	49	4.71	0.677	0.097		2.00	49	4.94	0.242	0.035
Q2R4	1.00	48	3.25	0.700	0.101	Q6R10	1.00	48	2.75	1.120	0.162
	2.00	49	4.78	0.621	0.089		2.00	49	4.96	0.200	0.029
Q3R1	1.00	48	3.06	0.810	0.117	Q6R11	1.00	48	2.63	1.142	0.165
	2.00	49	4.82	0.486	0.069		2.00	49	4.92	0.277	0.040
Q3R2	1.00	48	3.17	1.078	0.156	Q6R12	1.00	48	2.75	1.313	0.189
	2.00	49	4.92	0.277	0.040		2.00	49	4.84	0.426	0.061
Q3R3	1.00	48	3.19	1.104	0.159	Q6R13	1.00	48	2.85	1.185	0.171
	2.00	49	4.94	0.242	0.035		2.00	49	4.94	0.242	0.035
Q3R4	1.00	48	3.19	1.003	0.145	Q6R14	1.00	48	2.54	1.288	0.186
	2.00	49	4.90	0.421	0.060		2.00	49	4.92	0.277	0.040
Q3R5	1.00	48	3.06	0.861	0.124	Q7R1	1.00	48	2.94	0.885	0.128
	2.00	49	4.90	0.368	0.053		2.00	49	4.96	0.200	0.029
Q3R6	1.00	48	3.15	0.825	0.119	Q7R2	1.00	48	2.94	1.019	0.147
	2.00	49	4.94	0.242	0.035		2.00	49	4.94	0.317	0.045
Q3R7	1.00	48	2.85	0.743	0.107	Q7R3	1.00	48	2.81	1.003	0.145
	2.00	49	4.90	0.368	0.053		2.00	49	4.94	0.317	0.045
Q3R8	1.00	48	2.69	0.854	0.123	Q7R4	1.00	48	2.88	1.044	0.151
	2.00	49	4.86	0.456	0.065		2.00	49	4.98	0.143	0.020

续表

题目	组别	个数	平均值	标准差	标准误差平均值	题目	组别	个数	平均值	标准差	标准误差平均值
Q3R9	1.00	48	2.85	0.825	0.119	Q7R5	1.00	48	2.90	0.951	0.137
	2.00	49	4.90	0.421	0.060		2.00	49	5.00	0.000	0.000
Q3R10	1.00	48	3.02	0.911	0.131	Q8R1	1.00	48	2.92	0.964	0.139
	2.00	49	4.94	0.242	0.035		2.00	49	4.84	0.426	0.061
Q3R11	1.00	48	3.13	0.914	0.132	Q8R2	1.00	48	3.19	1.161	0.168
	2.00	49	4.92	0.277	0.040		2.00	49	4.92	0.277	0.040
Q4R1	1.00	48	2.90	1.016	0.147	Q8R3	1.00	48	2.90	1.016	0.147
	2.00	49	4.90	0.368	0.053		2.00	49	4.98	0.143	0.020
Q4R2	1.00	48	3.19	0.891	0.129	Q8R4	1.00	48	3.19	1.142	0.165
	2.00	49	4.94	0.317	0.045		2.00	49	4.94	0.242	0.035
Q4R3	1.00	48	3.31	0.971	0.140	Q8R5	1.00	48	3.29	1.166	0.168
	2.00	49	4.92	0.344	0.049		2.00	49	4.98	0.143	0.020

注：1.00表示高分组；2.00表示低分组。

在高低组别统计描述之后考察每一个测验题项的*CR*值，采用独立样本*t*检验法求得高低两组被试者在各题目平均数上的差异，以此检验高低两组在各题项上的差异显著性。如果*t*值显著，则表示该题项具有良好的鉴别力。最后根据平均数差异显著性，将*t*检验结果未达到显著性的题项予以删除。结果显示，我国职业体育俱乐部企业社会责任初始问卷56道题目均达到高度显著性（$P<0.01$）。

4.2.6.2 相关法

相关法是以每个题项分数与测验总分的相关作为该题项鉴别力的指标，相关越高，则表明该题项效果越好，采用Pearson相关可以计算每个测验题项得分与初始问卷总分的相关。薛薇指出，“根据伊贝尔（R.L.Ebel）提出的项目区分度的评价标准：0.40以上为优良；0.30～0.39为合格；在严格标准下，得分0.30以下应予以删除”[1]。表4-6显示，所有题项的Pearson相关系数均在0.40以上，且均具有显著性（$P<0.01$），表现为优秀，无题项删除，说明初始问卷各题项均与总

[1] 薛薇．SPSS统计分析方法及应用[M]．北京：电子工业出版社，2004：98.

体调查之间存在同质性。

表4-6 每个项目得分与量表总分的相关系数 N=176

项目	Pearson相关	项目	Pearson相关	项目	Pearson相关	项目	Pearson相关
Q1R1	0.716**	Q3R1	0.710**	Q4R4	0.627**	Q6R11	0.749**
Q1R2	0.683**	Q3R2	0.710**	Q5R1	0.695**	Q6R12	0.651**
Q1R3	0.663**	Q3R3	0.708**	Q5R2	0.669**	Q6R13	0.657**
Q1R4	0.703**	Q3R4	0.667**	Q5R3	0.644**	Q6R14	0.715**
Q1R5	0.774**	Q3R5	0.730**	Q6R1	0.599**	Q7R1	0.780**
Q1R6	0.653**	Q3R6	0.766**	Q6R2	0.570**	Q7R2	0.758**
Q1R7	0.723**	Q3R7	0.750**	Q6R3	0.586**	Q7R3	0.760**
Q1R8	0.718**	Q3R8	0.775**	Q6R4	0.631**	Q7R4	0.795**
Q1R9	0.654**	Q3R9	0.799**	Q6R5	0.614**	Q7R5	0.778**
Q1R10	0.691**	Q3R10	0.723**	Q6R6	0.574**	Q8R1	0.720**
Q2R1	0.646**	Q3R11	0.681**	Q6R7	0.684**	Q8R2	0.666**
Q2R2	0.656**	Q4R1	0.724**	Q6R8	0.503**	Q8R3	0.752**
Q2R3	0.708**	Q4R2	0.719**	Q6R9	0.603**	Q8R4	0.733**
Q2R4	0.627**	Q4R3	0.631**	Q6R10	0.777**	Q8R5	0.692**

注："**"表示P<0.01。

上述项目分析主要用于检验初始问卷总体与个别测验题项的可靠性程度，其分析结果可以作为个别题项筛选和修改的参考依据。经过临界比值分析与相关分析，结果显示，初始问卷56个测验题项均与总体之间存在同质性，所有题项都能达到要求的区分效度，无可删除题项。在项目分析之后，对初试问卷题项需要进一步筛选与修改，还要参考探索性因子分析的结果，以逐步形成正式问卷。

4.2.7 初始问卷检验与分析

在进行项目分析之后，应进行因子分析（或称共同因子分析，Common factor analysis，CFA），以进一步检验测试问卷的构建效度（Construct validity）。构建效度是指问卷能测量所提理论的概念或特质的程度。在因子分析中，首先进行的是探索性因子分析。探索性因子分析（Exploratory factor analysis，EFA）是为了在各题项相关性较强的基础上探寻初始题项中具有共同代表性的因子，寻找初始问卷的潜在结构，可以使初始问卷的题项减少而彼此之间具有较强的相关性。通过删除相关性较低的题项，保留具有代表性的题项，并可进一步对相关性较强的题项进行归类，聚合为某一些共同因子。初始问卷经过探索性因子分析后，各因子包含的题项会更加清晰明确，便于问卷后期的使用与统计。由于进行探索性因子分析的前提是各题项需要具备较强的相关性，基于此，需要首先对初始题项的相关性进行检验。

4.2.7.1 因子分析适合性检验

探索性因子分析主要是通过降维对问卷题项进行归类、聚合为某一些共同因子，需要在所有题项中探寻出具有代表性的共同因子或维度，如果探索的变量之间相关性较低，就会出现多重共线性等问题而题项无法聚合，便无法抽离出一组稳定的共同因子，也就无法进一步做因子分析，因此变量之间需要具备较强的相关性，在进行探索性因子分析之前，选择对所收集的数据进行KMO检验和Bartlett球形检验以判断其是否具备较强相关性、是否符合因子分析要求。

利用SPSS 17.0统计软件对我国职业体育俱乐部企业社会责任初始问卷的数据进行KMO检验和Bartlett球形检验，检验结果见表4-7。从KMO检验结果可以看出，我国职业体育俱乐部企业社会责任初始问卷各题项的KMO值为0.930，参照Kaiser给出的标准，“KMO>0.9，表示极适合进行因子分析”，说明数据适合进行因子分析。同时，Bartlett球形检验的χ²值为9 838.363（自由度为1 540），给出的显著性为0.000，达到显著水平。因此，Bartlett球形检验的零假设被拒绝，表明所有题项间并非独立，数据也适合进行因子分析。

表4-7 KMO和Bartlett检验

KMO 取样适当性度量		0.930
Bartlett球形度检验	近似卡方	9 838.363
	自由度	1 540
	显著性	0.000

4.2.7.2 探索性因子分析

本研究利用SPSS 17.0统计软件对数据进行探索性因子分析。本研究采用探索性因子分析的方法对初始问卷的结构效度进行检验，运用主成分分析和方差最大法旋转来确定问卷的结构要素，并对题项进行进一步的归纳和解释。根据Lederer和Sethi对探索性因子分析中关于题项筛选的3条原则进行筛选与分析，分别是：（1）各题项在提取因子上的负载值必须接近1，而在其他因子上的负载值则必须接近0；（2）如果某题项在两个以上提取因子上的负载值均大于0.4，则可删除此题项；（3）题项在所提取因子上的负载值必须大于0.5，如果题项在所有因子上的负载值均小于0.5，则删除此题项[1]。

（1）第一次探索性因子分析。本研究对初始问卷调查并收集的有效数据进行探索性因子分析，通过主成分分析法提取因子，并用正交方差最大法进行因子旋转。依据Kaiser准则，以特征值大于1作为取舍因子的标准（表4-8）。同时，全面分析所测试题项的负载值的大小，按照上述相关标准进行题项的取舍（表4-9、表4-10），并可通过因子分析的碎石图来清晰地确定因子数量（图4-2）。

本研究通过SPSS 17.0统计软件进行探索性因子分析之后，选取特征值大于1的因子，共提取了10个因子，累计方差解释率为75.021%，并通过因子分析碎石图可以清晰地看到前10个因子的负载值明显高于其他因子。

[1] LEDERERA，SETHIV．Criticaldimensionsofstrategicinformationsystemsplaning[J]．DecisionSciences，1991，2（4）：104-119.

表4-8 第一次探索性因子分析总方差解释

成分	初始特征值			提取载荷平方和			旋转载荷平方和		
	总计	方差百分比/%	累积百分比/%	总计	方差百分比/%	累积百分比/%	总计	方差百分比/%	累积百分比/%
1	26.992	48.200	48.200	26.992	48.200	48.200	6.246	11.153	11.153
2	2.729	4.873	53.073	2.729	4.873	53.073	6.224	11.115	22.268
3	2.387	4.262	57.335	2.387	4.262	57.335	4.331	7.734	30.002
4	2.009	3.588	60.923	2.009	3.588	60.923	4.063	7.255	37.257
5	1.643	2.935	63.857	1.643	2.935	63.857	3.988	7.122	44.379
6	1.554	2.774	66.632	1.554	2.774	66.632	3.949	7.052	51.431
7	1.246	2.225	68.857	1.246	2.225	68.857	3.735	6.670	58.101
8	1.221	2.181	71.037	1.221	2.181	71.037	3.619	6.463	64.564
9	1.121	2.001	73.039	1.121	2.001	73.039	3.022	5.396	69.960
10	1.110	1.983	75.021	1.110	1.983	75.021	2.835	5.062	75.021
11	1.000	1.786	76.807	—	—	—	—	—	—
12	0.915	1.634	78.441	—	—	—	—	—	—
13	0.863	1.542	79.983	—	—	—	—	—	—
14	0.765	1.366	81.349	—	—	—	—	—	—
15	0.669	1.195	82.543	—	—	—	—	—	—
16	0.635	1.134	83.678	—	—	—	—	—	—
17	0.614	1.096	84.773	—	—	—	—	—	—
18	0.576	1.028	85.802	—	—	—	—	—	—
19	0.549	0.980	86.781	—	—	—	—	—	—
20	0.503	0.899	87.680	—	—	—	—	—	—
21	0.479	0.855	88.535	—	—	—	—	—	—
22	0.429	0.766	89.301	—	—	—	—	—	—
23	0.374	0.668	89.969	—	—	—	—	—	—
24	0.363	0.648	90.617	—	—	—	—	—	—
25	0.335	0.599	91.216	—	—	—	—	—	—
26	0.321	0.574	91.790	—	—	—	—	—	—
27	0.314	0.560	92.350	—	—	—	—	—	—
28	0.293	0.524	92.874	—	—	—	—	—	—
29	0.284	0.508	93.382	—	—	—	—	—	—

续表

成分	初始特征值			提取载荷平方和			旋转载荷平方和		
	总计	方差百分比/%	累积百分比/%	总计	方差百分比/%	累积百分比/%	总计	方差百分比/%	累积百分比/%
30	0.270	0.482	93.864	—	—	—	—	—	—
31	0.254	0.454	94.318	—	—	—	—	—	—
32	0.239	0.428	94.745	—	—	—	—	—	—
33	0.221	0.395	95.141	—	—	—	—	—	—
34	0.217	0.387	95.528	—	—	—	—	—	—
35	0.214	0.382	95.910	—	—	—	—	—	—
36	0.200	0.358	96.268	—	—	—	—	—	—
37	0.177	0.317	96.584	—	—	—	—	—	—
38	0.172	0.307	96.891	—	—	—	—	—	—
39	0.168	0.300	97.191	—	—	—	—	—	—
40	0.150	0.268	97.458	—	—	—	—	—	—
41	0.144	0.258	97.716	—	—	—	—	—	—
42	0.134	0.240	97.955	—	—	—	—	—	—
43	0.130	0.231	98.187	—	—	—	—	—	—
44	0.120	0.215	98.402	—	—	—	—	—	—
45	0.117	0.209	98.611	—	—	—	—	—	—
46	0.112	0.199	98.810	—	—	—	—	—	—
47	0.106	0.189	98.999	—	—	—	—	—	—
48	0.094	0.168	99.166	—	—	—	—	—	—
49	0.083	0.147	99.314	—	—	—	—	—	—
50	0.077	0.137	99.451	—	—	—	—	—	—
51	0.069	0.124	99.575	—	—	—	—	—	—
52	0.061	0.110	99.685	—	—	—	—	—	—
53	0.053	0.095	99.779	—	—	—	—	—	—
54	0.048	0.085	99.864	—	—	—	—	—	—
55	0.041	0.074	99.938	—	—	—	—	—	—
56	0.035	0.062	100.000	—	—	—	—	—	—

注：提取方法为主成分分析法。

表4-9 第一次旋转后的成分矩阵

	成分									
	1	2	3	4	5	6	7	8	9	10
Q6R13	0.742	0.211	0.190	0.155	—	0.122	0.177	0.158	—	—
Q6R12	0.720	—	0.114	0.218	0.252	0.146	0.184	—	0.174	—
Q6R8	0.699	—	—	0.341	-0.100	—	—	0.212	0.160	-0.120
Q6R14	0.682	0.262	0.186	0.217	—	0.167	0.161	—	0.209	0.271
Q6R7	0.651	0.182	0.330	—	0.434	—	—	0.123	—	0.120
Q6R4	0.644	0.134	—	0.237	0.318	-0.110	0.183	0.200	—	0.261
Q6R5	0.635	—	0.165	—	0.221	—	0.134	0.242	—	0.325
Q6R11	0.620	0.256	0.222	0.103	—	0.287	0.101	—	0.298	0.285
Q6R10	0.582	0.295	0.167	—	0.130	0.248	—	0.271	0.324	0.206
Q1R7	0.297	0.732	0.203	0.154	0.267	0.141	0.192	—	—	—
Q1R8	0.266	0.728	0.181	0.170	0.199	0.168	0.144	0.107	—	—
Q1R4	0.165	0.720	0.228	—	—	0.147	0.213	0.217	0.114	0.185
Q1R5	0.181	0.683	0.316	—	0.184	—	0.264	0.177	0.196	0.134
Q1R6	0.115	0.680	0.183	0.256	0.141	—	0.167	0.129	0.287	—
Q1R10	—	0.609	0.262	0.335	—	0.190	0.187	0.250	—	0.202
Q1R9	—	0.587	0.152	0.272	0.256	0.351	—	0.108	—	—
Q1R1	0.197	0.568	—	0.160	0.273	0.154	0.131	—	0.335	0.286
Q8R2	0.219	0.235	0.747	—	0.170	—	0.154	0.151	0.115	0.187
Q8R4	0.203	0.283	0.724	0.186	0.200	0.334	0.103	0.117	—	—
Q8R5	0.224	0.234	0.722	0.158	0.103	0.336	0.128	—	—	—
Q8R3	0.190	0.291	0.684	0.131	0.148	0.127	0.141	0.224	0.183	0.260
Q8R1	0.216	0.251	0.607	—	0.194	0.160	0.132	0.270	0.228	0.103
Q2R2	0.189	0.205	—	0.774	0.133	0.108	0.207	0.106	0.193	0.143
Q2R3	0.227	0.238	0.152	0.730	0.220	0.123	0.239	0.141	—	—
Q2R1	0.141	0.275	0.191	0.715	0.212	—	—	—	0.195	0.129
Q2R4	0.296	0.188	—	0.676	0.272	0.208	0.169	—	—	—
Q4R3	—	0.237	0.116	0.250	0.700	0.194	—	0.140	0.174	—
Q4R4	0.130	0.185	0.108	0.215	0.653	0.200	0.145	—	0.289	—
Q4R2	0.138	0.208	0.201	0.248	0.650	0.137	0.270	0.172	0.105	0.204
Q4R1	0.215	0.260	0.269	0.156	0.602	0.171	0.276	0.122	0.102	—

续表

	成分									
	1	2	3	4	5	6	7	8	9	10
Q3R4	0.184	—	0.222	0.129	0.480	0.432	0.224	0.268	—	—
Q3R3	0.138	0.248	0.180	0.148	0.356	0.667	—	0.196	0.143	0.181
Q3R2	—	0.150	0.307	0.114	0.265	0.639	0.257	0.178	0.143	0.262
Q3R5	0.132	0.272	0.199	0.277	0.250	0.473	0.440	—	—	0.149
Q3R6	0.104	0.271	0.297	0.215	0.193	0.449	0.367	—	0.287	0.254
Q3R1	0.113	0.273	0.231	0.316	—	0.348	0.328	0.182	0.217	0.247
Q3R11	0.206	0.192	0.160	0.182	0.267	—	0.688	0.281	0.112	—
Q3R10	0.188	0.344	0.147	0.258	0.121	—	0.688	0.234	0.170	—
Q3R9	0.233	0.303	0.219	0.151	0.179	0.286	0.627	0.160	0.188	0.203
Q3R8	0.338	0.322	0.110	0.257	0.235	0.313	0.550	—	—	0.133
Q3R7	0.313	0.217	—	0.401	0.141	0.358	0.472	—	0.253	—
Q6R6	0.136	0.113	0.127	—	0.222		0.173	0.670	—	0.383
Q7R3	0.258	0.206	0.221	0.187	0.109	0.248	0.244	0.657	0.220	
Q7R4	0.335	0.310	0.215	0.116	—	0.384	0.274	0.534	0.118	—
Q7R2	0.276	0.235	0.214	0.202	—	0.491	0.115	0.524	0.174	—
Q6R9	0.441	0.120	0.139	—	0.193	0.130	—	0.505	—	0.243
Q7R1	0.290	0.243	0.330	0.115	0.225	0.450	0.103	0.478	0.121	—
Q7R5	0.247	0.283	0.258	0.130	—	0.432	0.227	0.469	0.190	0.179
Q1R3	0.188	0.484	0.151	—	0.109	—	0.108	0.117	0.667	0.109
Q5R2	0.162	—	0.147	0.302	0.285	—	0.304	0.270	0.563	0.134
Q1R2	0.197	0.437	0.185	0.125	0.284	0.239	—	0.101	0.548	—
Q5R3	0.275	0.148	—	0.186	0.177	0.187	0.244	—	0.532	0.292
Q5R1	0.196	—	0.204	0.251	0.278	—	0.224	0.371	0.448	0.173
Q6R2	0.113	—	0.195	—	—	0.173	0.206	0.177	0.236	0.732
Q6R3	0.185	0.142	0.161	0.256	—	0.102	—	0.348	—	0.713
Q6R1	0.394	0.179	0.115	—	0.190	0.290	—	—	0.249	0.503

注：提取方法为主成分分析法。旋转方法为凯撒正态化最大方差法。a. 旋转在 18 次迭代后已收敛。

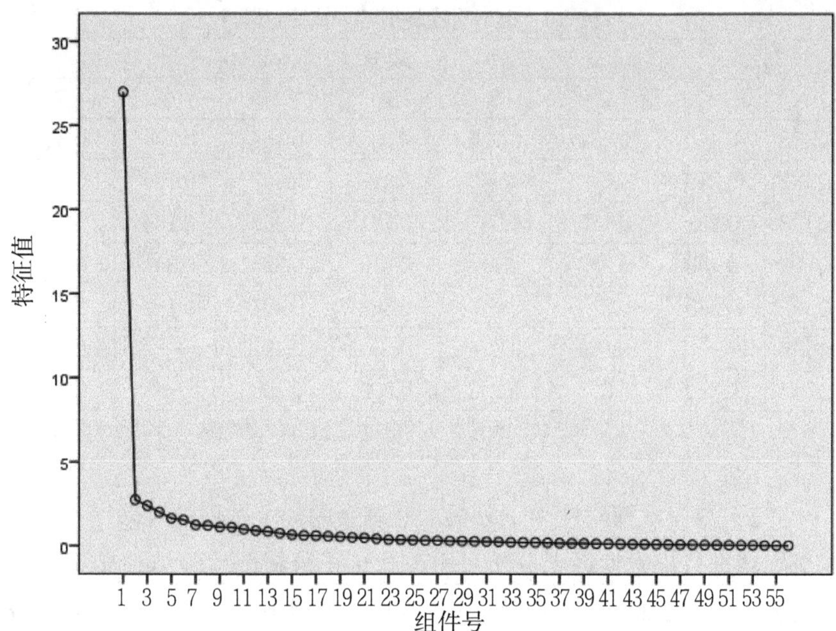

图4-2 第一次探索性因子分析碎石图

对56个题项旋转后的成分矩阵（表4-9）中出现多个双重因子载荷同时大于0.4，分别为Q6R7、Q7R2、Q6R9、Q1R3、Q1R2，载荷小于0.5的有Q3R4、Q3R5、Q3R6、Q3R1、Q3R7、Q7R1、Q7R5、Q5R1，因此删除上述13个题项，由于题项删除后因子结构也随着发生了变化，须再次进行探索性因子分析以检验问卷的结构效度。

（2）第二次探索性因子分析。对剩余的43个题项继续采用主成分正交旋转进行探索性因子分析。第二次因子分析前检验结果显示KMO值为0.930，Bartlett检验显著性为0.000，表明观测变量适合做因子分析。通过旋转后成分矩阵（表4-10）中出现载荷小于0.5的题项有Q3R8、Q3R3、Q3R2、Q5R2、Q5R3、Q7R4，双重因子载荷同时大于0.4的题项为Q6R6，因此删除上述7个题项。由于题项删除后因子结构也随着发生了变化，须再次进行探索性因子分析以检验问卷的结构效度。

表4-10　第二次旋转后部分成分矩阵

	成分						
	1	2	3	4	5	6	7
Q3R8	0.405	0.332	0.166	0.333	0.154	0.276	0.387
Q3R2	0.220	—	0.460	0.417	0.407	0.136	0.193
Q3R3	0.281	0.116	0.387	0.481	0.368	0.166	—
Q5R2	0.138	0.232	—	0.418	0.285	0.301	0.379
Q5R3	0.268	0.318	—	0.362	0.427	0.162	0.150
Q6R6	—	0.146	0.226	—	0.497	—	0.540
Q7R4	0.340	0.353	0.369	0.206	0.290	—	0.416

注：提取方法为主成分分析法。旋转方法为凯撒正态化最大方差法。a. 旋转在8次迭代后已收敛。

（3）第三次探索性因子分析。对剩余的36个题项继续采用主成分正交旋转进行探索性因子分析。第三次因子分析前检验结果显示KMO值为0.926，Bartlett检验显著性为0.000，表明观测变量适合做因子分析。通过旋转后成分矩阵（表4-11）中出现Q6R1双重因子载荷同时大于0.4，同时Q7R3的载荷小于0.5也应删除，因此删除上述2个题项。由于题项删除后因子结构也随着发生了变化，须再次进行探索性因子分析以检验问卷的结构效度。

表4-11　第三次旋转后部分成分矩阵

	成分						
	1	2	3	4	5	6	7
Q6R1	0.275	0.405	0.171	0.234	—	0.525	−0.160
Q7R3	0.243	0.316	0.346	0.185	0.192	0.271	0.427

注：提取方法为主成分分析法。旋转方法为凯撒正态化最大方差法。a. 旋转在7次迭代后已收敛。

（4）第四次探索性因子分析。对剩余的34个题项继续采用主成分正交旋转进行探索性因子分析。第四次因子分析前检验结果显示KMO值为0.926，Bartlett检验显著性为0.000，表明观测变量适合做因子分析。通过旋转后成分矩阵（表4-12）中出现Q6只包含两个题项（Q6R2、Q6R3），根据所涵盖题项少于3个就适宜删除的原则（吴明隆，2000），因此删除上述两个题项。由于题项删除后因子结构也随着发生了变化，须再次进行探索性因子分析以检验问卷的结构效度。

表4-12 第四次旋转后部分成分矩阵

	成分						
	1	2	3	4	5	6	7
Q6R2	0.135	0.178	0.205	0.213	—	0.811	0.123
Q6R3	0.125	0.222	0.226	—	0.236	0.773	—

注：提取方法为主成分分析法。旋转方法为凯撒正态化最大方差法。a. 旋转在7次迭代后已收敛。

（5）第五次探索性因子分析。对剩余的32个题项继续采用主成分正交旋转进行探索性因子分析。第五次因子分析前检验结果显示KMO值为0.910，Bartlett检验显著性为0.000（表4-13），表明观测变量适合进行因子分析。

表4-13 KMO和Bartlett检验

KMO 取样适当性度量		0.910
Bartlett球形度检验	近似卡方	5 067.352
	自由度	496
	显著性	0.000

从碎石图（图4-3）可以看出，前面6个公共因子（维度）的特征值变化非常明显，自第7个特征值以后，特征值变化趋于平稳，因此说明提取6个公共因子（维度）可以描述原变量的大部分信息。

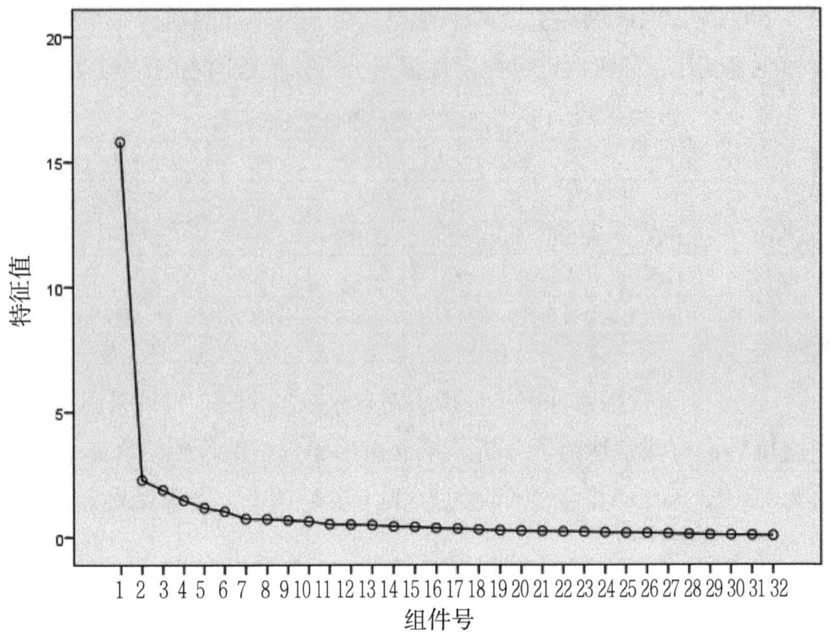

图4-3 第五次探索性因子分析碎石图

同时，根据Kaiser提出的“因子特征值大于1”的取舍标准，确定抽取的因子数目和题项。其中前6个因子的特征值大于1，因此抽取6个因素，抽取的这6个因子可解释的总方差量为73.878%（表4-14）。因素1包含了8个题项，分别为传达责任理念、设立责任机构、具备责任制度、举办责任培训、期望回应、制定责任倡议、责任沟通机制、责任合作，这些都是“责任管理”的组成部分，因子1解释了49.394%方差变异量，因素负荷量为0.609～0.757。因子2包含了8个题项，分别为运动员及员工薪酬、运动员及员工带薪休假、雇用残疾人、培训体系、运动员及员工意见渠道、困难员工帮扶、态度调差、对话机制，这些都是“运动员及员工责任”的组成部分，因子2解释了7.118%方差变异量，因子负荷量为0.654～0.787。因子3包含了5个题项，分别为环保培训与宣教、绿色环保要求、环保公益、节约能源、节约用水，这些都是“环境责任”的组成部分，因子3解释了5.859%方差变异量，因子负荷量为0.676～0.804。因子4包含了4个题项，分别为“诚信”的价值观、责任要求、公平竞争的合作理念、合同完成比例，这些都是“合作伙伴责任”的组成部分，因子4解释了4.596%方差变异量，因子负荷量为0.702～0.766。因子5包含了4个题项，分别为“营业收入、增长率”等数据、“净利润增长率”等数据、“资产负债率”等数据、投资者关系管理体系，这些都是“股东责任”的组成部分，因子5解释了3.671%方差变异量，因子负荷量从0.711~0.792。因子6包含了3个题项，分别为消费者信息保护、消费者满意度调查、为消费者服务的制度，这些都是“消费者责任”的组成部分，因子6解释了3.240%方差变异量，因子负荷量为0.556～0.706（表4-15）。表4-16给出的是6个因子的名称及每个因子所包含的题项。

表4-14 第五次探索性因子分析总方差解释

成分	初始特征值			提取载荷平方和			旋转载荷平方和		
	总计	方差百分比/%	累积百分比/%	总计	方差百分比/%	累积百分比/%	总计	方差百分比/%	累积百分比/%
1	15.806	49.394	49.394	15.806	49.394	49.394	5.397	16.865	16.865
2	2.278	7.118	56.512	2.278	7.118	56.512	5.217	16.302	33.167
3	1.875	5.859	62.371	1.875	5.859	62.371	4.152	12.975	46.141
4	1.471	4.596	66.967	1.471	4.596	66.967	3.459	10.809	56.950
5	1.175	3.671	70.638	1.175	3.671	70.638	3.272	10.225	67.175
6	1.037	3.240	73.878	1.037	3.240	73.878	2.145	6.703	73.878
7	0.745	2.329	76.207	—	—	—	—	—	—
8	0.727	2.270	78.477	—	—	—	—	—	—
9	0.682	2.131	80.608	—	—	—	—	—	—
10	0.635	1.983	82.591	—	—	—	—	—	—
11	0.519	1.623	84.214	—	—	—	—	—	—
12	0.501	1.566	85.780	—	—	—	—	—	—
13	0.485	1.516	87.297	—	—	—	—	—	—

续表

成分	初始特征值			提取载荷平方和			旋转载荷平方和		
	总计	方差百分比/%	累积百分比/%	总计	方差百分比/%	累积百分比/%	总计	方差百分比/%	累积百分比/%
14	0.429	1.339	88.636	—	—	—	—	—	—
15	0.409	1.278	89.914	—	—	—	—	—	—
16	0.357	1.117	91.030	—	—	—	—	—	—
17	0.338	1.057	92.088	—	—	—	—	—	—
18	0.297	0.928	93.015	—	—	—	—	—	—
19	0.267	0.836	93.851	—	—	—	—	—	—
20	0.246	0.767	94.618	—	—	—	—	—	—
21	0.237	0.740	95.358	—	—	—	—	—	—
22	0.215	0.671	96.029	—	—	—	—	—	—
23	0.207	0.647	96.675	—	—	—	—	—	—
24	0.186	0.581	97.257	—	—	—	—	—	—
25	0.169	0.527	97.784	—	—	—	—	—	—
26	0.160	0.501	98.285	—	—	—	—	—	—
27	0.138	0.431	98.716	—	—	—	—	—	—
28	0.114	0.357	99.073	—	—	—	—	—	—
29	0.090	0.282	99.355	—	—	—	—	—	—
30	0.081	0.253	99.609	—	—	—	—	—	—
31	0.071	0.223	99.832	—	—	—	—	—	—
32	0.054	0.168	100.000	—	—	—	—	—	—

注：提取方法为主成分分析法。

表4-15 第五次旋转后的成分矩阵

	成分					
	1	2	3	4	5	6
Q1R4	0.757	0.203	0.291	—	—	0.278
Q1R8	0.740	0.267	0.204	0.235	0.183	—
Q1R7	0.723	0.277	0.221	0.307	0.140	—
Q1R6	0.705	0.120	0.180	0.142	0.289	0.169
Q1R5	0.696	0.200	0.349	0.215	0.117	0.292
Q1R10	0.644	—	0.340	—	0.303	0.192
Q1R9	0.615	0.122	0.249	0.353	0.254	—
Q1R1	0.609	0.279	0.117	0.328	0.140	0.181
Q6R13	0.221	0.787	0.201	—	0.133	—
Q6R14	0.332	0.744	0.216	—	0.193	—
Q6R12	—	0.730	0.145	0.277	0.258	—
Q6R8	—	0.699	—	—	0.361	—
Q6R5	—	0.690	0.235	0.160	—	0.256
Q6R10	0.365	0.688	0.249	0.208	—	0.141
Q6R11	0.345	0.686	0.282	0.195	0.103	—
Q6R4	—	0.654	—	0.230	0.215	0.337
Q8R5	0.242	0.229	0.804	0.190	0.163	—
Q8R4	0.268	0.202	0.803	0.231	0.206	—
Q8R2	0.226	0.240	0.738	0.146	—	0.213
Q8R3	0.336	0.239	0.728	0.174	0.127	0.170
Q8R1	0.281	0.251	0.676	0.186	—	0.205
Q4R3	0.219	0.142	0.166	0.766	0.231	0.108
Q4R2	0.209	0.195	0.251	0.746	0.203	0.265
Q4R4	0.234	0.149	0.145	0.745	0.235	—
Q4R1	0.259	0.238	0.310	0.702	0.125	0.209
Q2R2	0.245	0.238	0.104	0.171	0.792	0.212
Q2R3	0.247	0.255	0.189	0.231	0.733	0.251
Q2R4	0.172	0.262	0.135	0.242	0.712	0.164
Q2R1	0.329	0.179	0.198	0.265	0.711	—
Q3R10	0.369	0.234	0.192	0.147	0.300	0.706
Q3R11	0.227	0.250	0.195	0.280	0.226	0.675
Q3R9	0.374	0.287	0.320	0.269	0.197	0.556

注：提取方法为主成分分析法。旋转方法为凯撒正态化最大方差法。a. 旋转在7次迭代后已收敛。

表4-16 因子名称及包含题项

因子	因子名称	包含题项
1	责任管理	Q1R1、Q1R4、Q1R5、Q1R6、Q1R7、Q1R8、Q1R9、Q1R10
2	运动员及员工责任	Q6R4、Q6R5、Q6R8、Q6R10、Q6R11、Q6R12、Q6R13、Q6R14
3	环境责任	Q8R1、Q8R2、Q8R3、Q8R4、Q8R5
4	合作伙伴责任	Q4R1、Q4R2、Q4R3、Q4R4
5	股东责任	Q2R1、Q2R2、Q2R3、Q2R4
6	消费者责任	Q3R9、Q3R10、Q3R11

4.2.7.3 信度分析

问卷的信度是指同所测量的潜在变量实际分数的方差比例[1]，是多个不同测试题项能否反映同一潜变量的程度，主要体现所测试数据与结论可靠性的程度问题。因此，问卷的信度分析主要是检验所测题项在反映某潜变量时的一致性与稳定性，通常使用内部一致性系数来体现信度分析的结果。内部一致性系数与问卷中题项的同质性有关，系数越高表明所测量的结果越一致、稳定与可靠。所测题项的相关程度越高就说明所测问卷的内部一致性越强，内部一致性通常等价于Cronbach's α 系数，本研究将采用Cronbach's α 系数来评估问卷的内部一致性，进而对初始问卷进行信度检验。Cronbach's α 系数越大，表明该问卷的所测题项相关度越大，内部一致性程度越高。

本研究问卷各维度（因子）和总问卷的内部一致性系数如表4-17所示。从表4-17中数据可见，各个维度的Cronbach's α 系数介于0.885~0.931，均高于0.80；总问卷的Cronbach's α 系数为0.966，这些结果都说明问卷的信度比较理想。

[1] 罗伯特・F. 德威利斯. 量表编制理论与应用[M]. 重庆：重庆大学出版社，2004：216.

表4-17 我国职业体育俱乐部企业社会责任初始问卷各因子及总问卷信度

因子	题项数量	Cronbach's α 系数
责任管理	8	0.931
股东责任	4	0.904
消费者责任	3	0.885
合作伙伴责任	4	0.895
运动员及员工责任	8	0.919
环境责任	5	0.923
总问卷	32	0.966

在对本研究设计的变量进行探索性因子分析之后，样本数据显示，我国职业体育俱乐部企业社会责任由6个维度的因子构成，政府责任与社区责任2个维度的因子被删除。删除的原因可能是：被调查者对相关内容不太熟悉、认知度不够而造成的，也可能是被调查职业体育俱乐部在政府与社区两个方面承担责任较少或信息披露较少而造成的。在6个维度中，责任管理由8个题项组成，“俱乐部具有明确的社会责任承担方向或具体项目”与“俱乐部制定了社会责任目标与规划”两个题项被删除，说明俱乐部的责任战略更多的是存在于责任理念状态，而没有更好地分解为具体的目标与规划；股东责任由4个题项组成；消费者责任只保留了俱乐部对消费者的“信息保护”“满意度调查”与“服务创新”3个题项，其他题项均被删除，说明俱乐部对消费者的关系管理、安全措施、场地环境、健康比赛、服务特殊人群、解决消费者争端与投诉等方面是存在欠缺的；合作伙伴责任由4个题项组成；运动员及员工责任由8个题项组成，俱乐部对运动员及员工的相关雇用制度与疾病防治的6个题项被删除，说明职业体育俱乐部对员工的雇用机制与健康保障机制存在缺陷；环境责任由5个题项组成。

通过上述初始问卷的开发与数据回收，经过对收集数据的探索性因子分析与信度分析，论证了我国职业体育俱乐部企业社会责任的6个构成因子，并将此理论模型修正为二阶7因子模型：二阶1个因子，一阶6个因子（图4-4）。一阶因子分别为责任管理、股东责任、消费者责任、合作伙伴责任、运动员及员工责任、环境责任，然后共同聚敛为二阶的1个因子，即我国职业体育俱乐部企业社会责任。上述分析充分论证了此模型的合理性。

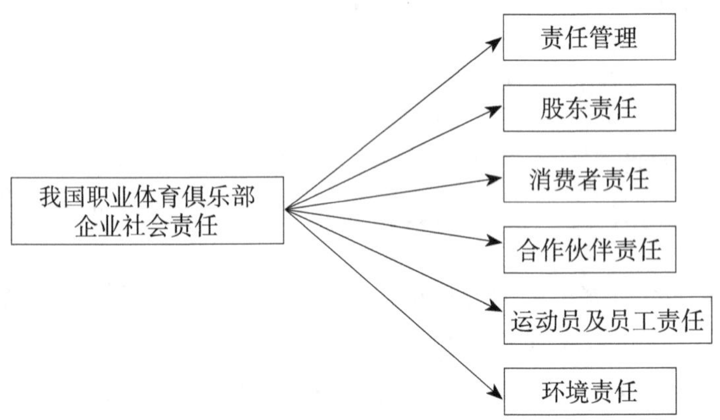

图4-4 我国职业体育俱乐部企业社会责任修正后的理论模型

4.2.8 实证分析

在对初始问卷的验证之后要进行实证分析，首先要对正式问卷合理设计，以及对测试对象的选择与数据收集整理，然后依然需要通过大样本对正式问卷进行描述性统计、信度和效度检验，确保样本数据与正式问卷的可靠性。

4.2.8.1 正式问卷的设计与测试对象

在上文中，本研究对初始问卷收集的176份有效样本数据进行了分析，经过5轮探索性因子分析后，删除了政府责任和社区责任2个维度，剩余责任管理、股东责任、消费者责任、合作伙伴责任、运动员及员工责任和环境责任6个维度，同时去除低负载、双重因子负载的题项，共保留了32个题项，并对32个题项进行了信度分析，各维度（因子）和总问卷的内部一致性较为理想。最终结果显示，剩余的32个题项构成的6因子模型，具有较好的信度和效度。根据初始问卷的逻辑顺序，针对此6个维度32个题项重新设计了本研究的正式问卷，并重新编码。（表4-18）

表4-18 正式问卷各题项

变量	编码	题项
俱乐部的责任管理	Q1R1	俱乐部经常向大家传达“社会责任理念”
	Q1R2	俱乐部设立了“社会责任领导机构与组织体系”
	Q1R3	俱乐部具备明确的“社会责任管理制度”
	Q1R4	俱乐部举办了“社会责任培训”
	Q1R5	俱乐部明确股东、教练员、运动员、供应商、工作人员等的“期望”并给予“回应”
	Q1R6	俱乐部制定了推动合作伙伴履行社会责任的“倡议”
	Q1R7	俱乐部具有内网、内部刊物等社会责任内部沟通机制
	Q1R8	俱乐部与教研机构开展社会责任合作
俱乐部对股东承担的责任	Q2R1	俱乐部向股东公布了“营业收入、增长率”等数据
	Q2R2	俱乐部向股东公布了“净利润增长率、净资产收益率”等数据
	Q2R3	俱乐部向股东公布了“资产负债率”等与俱乐部财务安全相关的数据
	Q2R4	俱乐部设立了投资者关系管理机构、制度等体系
俱乐部对消费者承担的责任	Q3R1	俱乐部对消费者信息进行了保护
	Q3R2	俱乐部采用了消费者满意度调查
	Q3R3	俱乐部拥有倡导比赛或运动服务“创新”的制度
俱乐部对合作伙伴承担的责任	Q4R1	俱乐部面对供应商时，把“诚信”作为基本价值观，并制定了相应保障制度
	Q4R2	俱乐部对供应商提出了“遵守法规”“诚信经营”等责任要求
	Q4R3	俱乐部倡导供应商公平竞争的合作理念，并制定了相应保障制度
	Q4R4	俱乐部与供应商具有较高的合同完成比例

续表

变量	编码	题项
俱乐部对运动员及员工承担的责任	Q5R1	俱乐部为运动员、教练员等员工提供了不低于同等行业的薪酬
	Q5R2	俱乐部为运动员、教练员等员工提供了相应的每年人均带薪休假天数
	Q5R3	俱乐部雇用了一定数量的残疾人
	Q5R4	俱乐部具有较完善的培训组织机构、培训制度、培训类别、课程体系、培训考核等培训体系
	Q5R5	俱乐部具备较完善的运动员及员工意见或建议传达到高层的渠道，如座谈会、意见箱等
	Q5R6	俱乐部投入了一定的资金帮扶困难的员工
	Q5R7	俱乐部对运动员及员工进行了关于本俱乐部的政策与管理制度、工作环境、工作内容、人际关系、薪酬等的“态度调查”
	Q5R8	俱乐部具备员工、俱乐部和政府三方一起谈判解决关于雇用的重大问题，或者劳方集体性地通过工会与资方谈判雇用条件的“对话机制”
俱乐部对环境承担的责任	Q6R1	俱乐部开展了环保培训与宣教活动
	Q6R2	俱乐部对比赛、活动及供应商提出了绿色环保要求
	Q6R3	俱乐部开展了环境保护公益事业方面的活动
	Q6R4	俱乐部采用了节约能源的制度或措施
	Q6R5	俱乐部采用了节约水资源的制度或措施

本研究正式问卷调查对象为部分中超、CBA、乒超俱乐部的管理者、教练员、运动员、工作人员等，通过不记名的方式，请被调查俱乐部的教练员协助发放问卷，问卷发放数量315份，回收问卷270份，其中有效问卷239份，回收率85.71%，有效率88.52%，删除无效问卷以后调查者情况如表4-19所示。此次正式问卷测试对象中，男性占比82.01%，依然是主要人群；从年龄分布来看，18～34岁的占比78.25%，是被调查者的主要年龄阶段；从学历分布来看，本科毕业与高中/中专毕业的分别占比为39.33%与28.03%，二者居于多数；从月收入的分布来看，月收入6 000元左右的占比51.05%，居于多数；从职业的分布来看，运动员占比53.56%，超过半数，成为被调查的主要人

员。综合来看，本次调查具有有效性。

表4-19 正式问卷被试对象一览表 *N*=239

成分		人数	百分比/%
性别	男	196	82.01
	女	43	17.99
年龄	55岁以上	2	0.83
	45～54岁	11	4.6
	35～44岁	22	9.21
	25～34岁	110	46.03
	18～24岁	77	32.22
	18岁以下	17	7.11
学历	研究生及以上	18	7.53
	本科	94	39.33
	大专	40	16.74
	高中/中专	67	28.03
	初中及以下	20	8.37
月收入	20 000元以上	44	18.41
	10 000～20 000元	39	16.32
	6 000～10 000元	71	29.71
	3 000～6 000元	51	21.34
	3 000元以下	34	14.23
职业	管理者	14	5.86
	教练员	19	7.95
	运动员	128	53.56
	工作人员	63	26.36
	其他	15	6.28

4.2.8.2 描述性统计分析

结合对收回的239份有效正式问卷各题项的统计结果（表4-20），从平均值、标准差、偏度和峰度4个统计量来观测样本数据的描述性分布特征。可以看出，被测试各题项的平均值分布比较均衡，标准差均基本处于0.8～1.3，样本数据的离散程度不大，偏度、峰度的绝对值均小于2。可以看出，样本数据符合正态分布要求。

表4-20　正式问卷各题项描述性统计

	个数	平均值	标准差	偏度		峰度	
	统计	统计	统计	统计	标准误差	统计	标准误差
Q1R1	239	4.06	1.192	−1.083	0.157	0.156	0.314
Q1R2	239	4.15	1.128	−1.364	0.157	1.165	0.314
Q1R3	239	4.21	1.028	−1.272	0.157	1.083	0.314
Q1R4	239	4.11	1.079	−1.088	0.157	0.484	0.314
Q1R5	239	4.18	1.061	−1.226	0.157	0.783	0.314
Q1R6	239	4.23	.948	−1.123	0.157	0.827	0.314
Q1R7	239	4.28	1.009	−1.304	0.157	0.987	0.314
Q1R8	239	4.18	1.110	−1.365	0.157	1.142	0.314
Q2R1	239	4.05	0.926	−.524	0.157	−.683	0.314
Q2R2	239	4.05	0.917	−1.030	0.157	1.186	0.314
Q2R3	239	4.07	0.932	−0.855	0.157	0.486	0.314
Q2R4	239	4.15	0.873	−0.574	0.157	−0.806	0.314
Q3R1	239	4.08	0.980	−0.935	0.157	0.476	0.314
Q3R2	239	4.13	0.977	−1.082	0.157	0.806	0.314
Q3R3	239	4.20	0.918	−0.903	0.157	0.132	0.314
Q4R1	239	4.15	1.015	−1.190	0.157	0.912	0.314
Q4R2	239	4.25	0.910	−0.924	0.157	−0.084	0.314
Q4R3	239	4.35	0.870	−1.124	0.157	0.254	0.314
Q4R4	239	4.26	0.922	−1.067	0.157	0.284	0.314
Q5R1	239	3.85	1.292	−0.793	0.157	−0.477	0.314
Q5R2	239	4.18	1.092	−1.367	0.157	1.333	0.314
Q5R3	239	3.68	1.293	−0.791	0.157	−0.360	0.314
Q5R4	239	4.18	1.083	−1.344	0.157	1.114	0.314
Q5R5	239	4.01	1.240	−1.083	0.157	0.107	0.314
Q5R6	239	4.00	1.156	−1.136	0.157	0.539	0.314
Q5R7	239	4.00	1.154	−1.067	0.157	0.252	0.314
Q5R8	239	3.95	1.206	−1.112	0.157	0.383	0.314
Q6R1	239	3.99	1.021	−0.915	0.157	0.439	0.314
Q6R2	239	4.22	1.006	−1.248	0.157	1.056	0.314
Q6R3	239	4.13	1.028	−.973	0.157	0.023	0.314
Q6R4	239	4.13	1.012	−1.032	0.157	0.549	0.314
Q6R5	239	4.11	1.077	−1.123	0.157	0.575	0.314

4.2.8.3 分析方法

本研究项目分析主要运用问卷调查与数理分析法进行。研究中问卷调查使用的“我国职业体育俱乐部企业社会责任调查问卷”由笔者编制。

数理分析是通过探索性因子分析、验证性因子分析等方法对问卷中的数据进行分析。主要包括以下分析：（1）问卷信度分析。本研究进行的信度分析主要是通过测试问卷的内部一致性来实现，采用的方法是计算各个维度的Cronbach's α系数。（2）结构效度分析。通过探索性因子分析对实证研究中收集到的有效数据进行统计分析，检验问卷结构效度。（3）验证性因子分析。使用结构方程模型中的测量模型对本研究的理论假设模型进行验证，检验模型维度和结构与实际数据的拟合程度。

4.2.8.4 信度与效度分析

（1）问卷信度分析。本研究采用广泛使用的内部一致性系数Cronbach's α系数来进行信度分析，问卷各维度（因子）和总问卷的内部一致性系数如表4-21所示。由表4-21中数据可见，6个维度的Cronbach's α系数分别为0.929、0.972、0.861、0.867、0.909、0.918，均高于0.80；总问卷的Cronbach's α系数为0.966。这些结果均表明正式问卷具有较好的信度。

表4-21 我国职业体育俱乐部企业社会责任正式问卷各因子及总问卷信度

因子	题项数量	Cronbach's α 系数
责任管理	8	0.929
股东责任	4	0.972
消费者责任	3	0.861
合作伙伴责任	4	0.867
运动员及员工责任	8	0.909
环境责任	5	0.918
总问卷	32	0.966

（2）结构效度分析。本研究运用探索性因子分析对正式问卷的结构效度进行检验，采用抽取主成分正交旋转法对样本数据进行分析，

结果显示，KMO值为0.918，Bartlett检验显著性为0.000，表明观测变量适合做因子分析。通过表4-22可知，累积解释总方差达到71.789%，表明6个因子可以解释绝大多数变异，该问卷具有较好的结构效度。

表4-22　正式问卷探索性因子分析总方差解释

成分	初始特征值			提取载荷平方和			旋转载荷平方和		
	总计	方差百分比/%	累积百分比/%	总计	方差百分比/%	累积百分比/%	总计	方差百分比/%	累积百分比/%
1	15.832	49.475	49.475	15.832	49.475	49.475	5.814	18.168	18.168
2	1.961	6.129	55.604	1.961	6.129	55.604	4.406	13.770	31.938
3	1.642	5.132	60.736	1.642	5.132	60.736	4.183	13.071	45.009
4	1.450	4.532	65.268	1.450	4.532	65.268	3.724	11.637	56.645
5	1.076	3.363	68.631	1.076	3.363	68.631	2.711	8.472	65.117
6	1.011	3.158	71.789	1.011	3.158	71.789	2.135	6.672	71.789
7	0.865	2.703	74.492	—	—	—	—	—	—
8	0.789	2.465	76.956	—	—	—	—	—	—
9	0.749	2.341	79.297	—	—	—	—	—	—
10	0.651	2.035	81.332	—	—	—	—	—	—
11	0.617	1.929	83.260	—	—	—	—	—	—
12	0.510	1.593	84.854	—	—	—	—	—	—
13	0.473	1.478	86.332	—	—	—	—	—	—
14	0.442	1.383	87.714	—	—	—	—	—	—
15	0.389	1.216	88.930	—	—	—	—	—	—
16	0.378	1.180	90.110	—	—	—	—	—	—
17	0.340	1.061	91.172	—	—	—	—	—	—
18	0.300	0.938	92.110	—	—	—	—	—	—
19	0.294	0.919	93.029	—	—	—	—	—	—
20	0.268	0.838	93.867	—	—	—	—	—	—
21	0.257	0.803	94.669	—	—	—	—	—	—
22	0.247	0.770	95.440	—	—	—	—	—	—
23	0.224	0.699	96.139	—	—	—	—	—	—
24	0.208	0.650	96.788	—	—	—	—	—	—
25	0.189	0.590	97.378	—	—	—	—	—	—
26	0.172	0.538	97.916	—	—	—	—	—	—
27	0.146	0.457	98.373	—	—	—	—	—	—

续表

成分	初始特征值			提取载荷平方和			旋转载荷平方和		
	总计	方差百分比/%	累积百分比/%	总计	方差百分比/%	累积百分比/%	总计	方差百分比/%	累积百分比/%
28	0.141	0.440	98.813	—	—	—	—	—	—
29	0.125	0.390	99.203	—	—	—	—	—	—
30	0.095	0.297	99.500	—	—	—	—	—	—
31	0.087	0.273	99.773	—	—	—	—	—	—
32	0.073	0.227	100.000	—	—	—	—	—	—

注：提取方法为主成分分析法。

（3）验证性因子分析。此部分验证性因子分析来自结构方程模型（structural equation modeling，SEM）中的测量模型，用于检测模型中的观察变量与其潜在变量间的因果模型是否与观察数据契合，以验证研究所提出的理论假设模型是否合适。本研究选用AMOS 21.0统计软件进行SEM分析，验证因子与对应题项之间的关系是否符合之前设计的理论关系，这是社会调查经常用到的数据统计方法，通过此分析可以清晰判断是否还有其他题项与测试因子之间存在显著载荷、测试题项之间是否还存在其他子因子、测试因子与题项之间是否存在显著关系等。这些关系的判断与分析可以明确地解读题项、因子、残差之间的关系。

在进行验证性因子分析时，为了厘清理论模型与数据的拟合程度，需要借助拟合指数来判断。通常采用的拟合指数包括绝对拟合指数、相对拟合指数和简约拟合指数[1]。其中，绝对拟合指数主要包括卡方值CMIN、自由度DF、近似误差均方根RMSEA、拟合优度指数GFI和AGFI；相对拟合指数主要包括基准拟合指数NFI、CFI；简约拟合指数主要包括简约拟合优度指数PGFI、简约基准拟合指数PNFI。其中，RMSEA受样本容量的影响较少，是较好的绝对拟合指数。RMSEA低于0.1表示拟合程度可以接受，低于0.05表示非常好的拟合，低于0.01表示

[1] SIRGY M J. Self-concept in consumer behavior：a critical review[J]. Journal of Consumer Research，1982，14（3）：531-547.

非常出色的拟合[1]。GFI、AGFI和CFI指标达到0.9时，认为模型具有较好的拟合效果，在0.8～0.9时，模型的拟合结果也可以接受。

本研究依照上文提出的我国职业体育俱乐部企业社会责任修正后理论模型建立的结构方程模型（图4-5），清楚地反映出变量间的相互关系。从模型拟合结果来看（表4-23），模型的绝对拟合参数卡方值为1 231.598，自由度为499，卡方与自由度的比值为2.468，拟合优度指数GFI为0.811，相对拟合指数NFI为0.872，均大于0.8；比较拟合指数CFI为0.908，大于0.9；近似误差均方根RMSEA为0.098，小于0.1。综合来看，模型的拟合程度是可以接受的。

表4-23　正式问卷模型拟合结果

拟合指标	指标值	拟合情况
绝对拟合参数卡方值	1 231.598	—
自由度	499	—
卡方/自由度	2.468	接近2，可接受
拟合优度指数GFI	0.811	大于0.8，可接受
简约拟合优度指数PGFI	0.605	大于0.5，比较理想
相对拟合指数NFI	0.872	大于0.8，可接受
比较拟合指数CFI	0.908	大于0.9，拟合很好
塔克-刘易斯指数TLI	0.902	大于0.9，拟合很好
增量修正指数IFI	0.906	大于0.9，拟合很好
近似误差均方根RMSEA	0.098	小于0.1，可接受

从模型中各题项的标准化载荷来看（表4-24），32个题项分别属于6个潜变量，各题项在相应潜变量上的标准化载荷均高于0.7，并且均在0.001水平上显著。同时，参考初始问卷的模型拟合结果：绝对拟合参数卡方值为1 091.598，自由度为469，卡方与自由度的比值为2.328，拟合优度指数GFI为0.822，相对拟合指数NFI为0.881，均大于0.8，比较拟合指数CFI为0.91，大于0.9；近似误差均方根RMSEA为0.097，小

[1] ERDEM T. An empirical analysis of umbrella branding[J]. Journal of Marketing Research，1998（35）：339-351.

于0.1。可以看出，正式问卷的模型拟合结果与初始问卷变化不大，模型的拟合程度均是可以接受的。鉴于以上比较，本研究将修正后的“我国职业体育俱乐部企业社会责任”模型确定为最终解释模型。

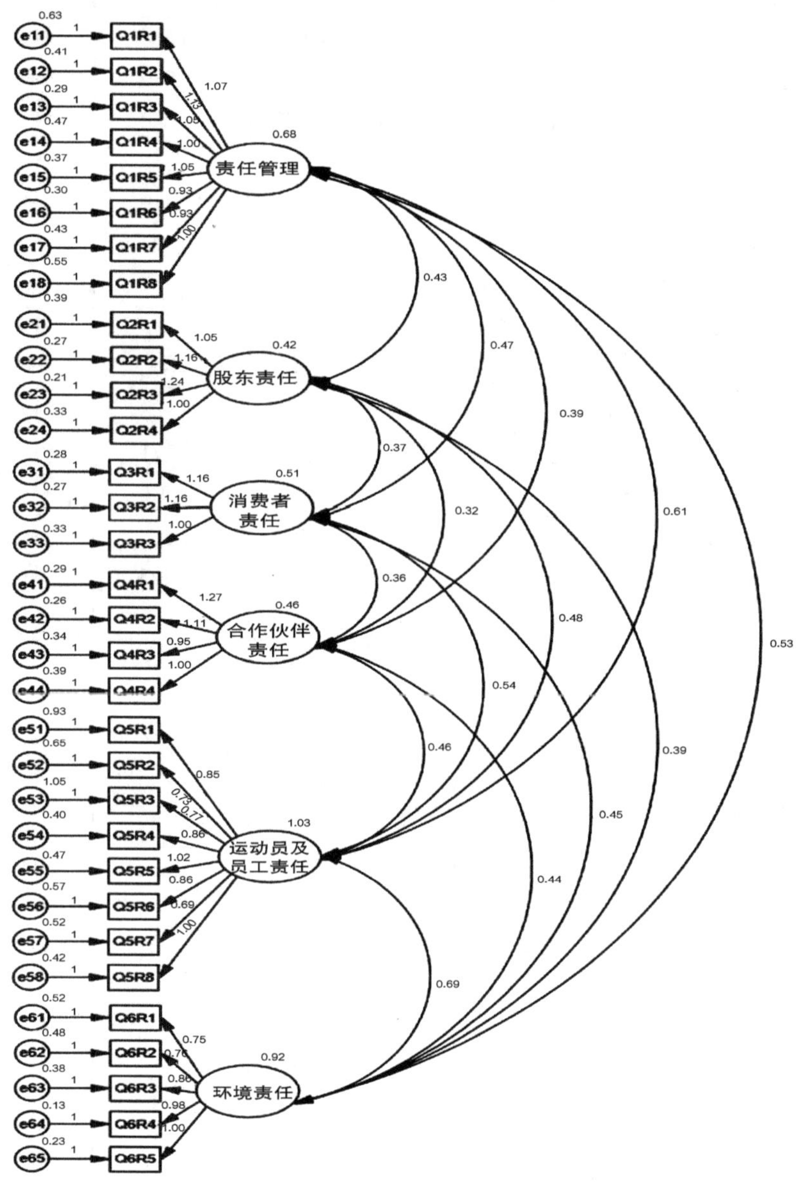

图4-5 正式问卷的模型图

表4-24 正式问卷验证性因子分析结果

			Estimate	S.E.	C.R.	*P*
Q1R5	<---	责任管理	1			
Q1R4	<---	责任管理	0.957	0.07	13.638	***
Q1R3	<---	责任管理	1.012	0.064	15.864	***
Q1R2	<---	责任管理	1.073	0.071	15.079	***
Q1R1	<---	责任管理	1.024	0.078	13.048	***
Q1R6	<---	责任管理	0.891	0.06	14.812	***
Q1R7	<---	责任管理	0.885	0.066	13.419	***
Q1R8	<---	责任管理	0.953	0.073	13.034	***
Q5R8	<---	运动员及员工责任	1			
Q5R7	<---	运动员及员工责任	0.888	0.062	14.366	***
Q5R6	<---	运动员及员工责任	0.858	0.063	13.615	***
Q5R5	<---	运动员及员工责任	1.015	0.064	15.833	***
Q5R4	<---	运动员及员工责任	0.862	0.057	15.141	***
Q5R3	<---	运动员及员工责任	0.771	0.076	10.13	***
Q5R2	<---	运动员及员工责任	0.726	0.062	11.663	***
Q5R1	<---	运动员及员工责任	0.845	0.074	11.423	***
Q6R5	<---	环境责任	1			
Q6R4	<---	环境责任	0.981	0.044	22.276	***
Q6R3	<---	环境责任	0.856	0.052	16.351	***
Q6R2	<---	环境责任	0.76	0.055	13.826	***
Q6R1	<---	环境责任	0.747	0.057	13.156	***
Q2R4	<---	股东责任	1			
Q2R3	<---	股东责任	1.245	0.091	13.633	***
Q2R2	<---	股东责任	1.152	0.09	12.795	***
Q2R1	<---	股东责任	1.046	0.092	11.394	***
Q3R3	<---	消费者责任	1			
Q3R2	<---	消费者责任	1.159	0.084	13.768	***
Q3R1	<---	消费者责任	1.159	0.085	13.705	***
Q4R4	<---	合作伙伴责任	1			
Q4R3	<---	合作伙伴责任	0.949	0.085	11.117	***
Q4R2	<---	合作伙伴责任	1.109	0.089	12.452	***

续表

			Estimate	S.E.	C.R.	*P*
Q4R1	<---	合作伙伴责任	1.268	0.1	12.738	***

注：*表示$P<0.05$，**表示$P<0.01$，***表示$P<0.001$。

4.3 我国职业体育俱乐部企业社会责任与竞争力关系研究

职业体育俱乐部竞争力是一个可持续培育的过程，是通过竞技要素实现过程和竞技要素的支撑要素实现过程交互作用得以体现，并完成其连续的积累和提高。其中，竞技要素是职业体育俱乐部核心竞争力的主要方面，竞技要素的支撑要素（资源、战略、组织要素）和要素间职能整合过程、职业体育俱乐部职能市场化过程起到相应的支持性作用。赵广涛[1]指出，职业体育俱乐部核心竞争力实质上是资源要素竞争力、组织要素竞争力、战略要素竞争力和竞技要素竞争力4个维度，通过相互之间的职能整合在职业体育俱乐部市场化过程中的综合体现。之后其又提出[2]，职业体育俱乐部核心竞争力流程再造是对其进行提升的重要环节。职业体育俱乐部的内部分工因市场的要求和竞技的需要具有不同的特点，人员协调和各个部门工作成果的组合过程却因此变得非常复杂，管理方面显然跟不上高效率单一工作系统的需求和职能部门的效能发挥，因此，职业体育俱乐部核心竞争力的发展趋向和规模取决于各职能部门工作业绩整合效应的凸显。袁雷等[3]也提出，需要用指标体系方法对职业体育俱乐部的上述核心竞争力4个维度进行综合评判，才可以更客观、更全面地反映职业体育俱乐部的竞争力。

这些关于职业体育俱乐部竞争力的论述均强调以管理为核心，整

[1] 赵广涛．职业体育俱乐部核心竞争力动力模型的构建[J]．西安体育学院学报，2012，29（4）：439-443.

[2] 赵广涛．职业体育俱乐部核心竞争力要素管理业务流程再造路径选择[J]．西安体育学院学报，2015，32（3）：310-320.

[3] 袁雷，王建军．职业体育俱乐部核心竞争力评价指标选取方法及框架解析[J]．沈阳体育学院学报，2012，31（6）：98-101.

合或重构各职能部门的工作，进而提升职业体育俱乐部的竞争力。职业体育俱乐部作为企业法人，也作为“社会公民”，应承担其应有的企业社会责任，企业社会责任“四位一体”理论强调以责任管理为核心的多种利益相关者的责任提升，包括了责任管理、市场责任、社会责任与环境责任4个维度，进而可以提高职业体育俱乐部的综合竞争力。以责任管理为核心、提升多重责任的企业社会责任理论相对职业体育俱乐部的竞技要素理论更为系统、全面。

4.3.1 我国职业体育俱乐部企业社会责任竞争力初始问卷题项确立

本研究要验证我国职业体育俱乐部企业社会责任与其竞争力的关系，首先是对职业体育俱乐部的企业社会责任竞争力问卷进行开发设计，然后将调查问卷收集的数据信息进行统计分析。根据此思路，结合对文献资料和关键事件访谈文本内容的分析，本研究的初始问卷题项主要来源于以下3个方面。

（1）根据邓玉华[1]开发的企业社会责任对企业竞争力综合影响量表分析后得到的题项。一是从企业的利润与成本的角度来看，企业的经营活动是以利益最大化为根本目标的，企业竞争力也是以经济利益为核心而展开的，因此如果企业社会责任投资能使企业在竞争中获得利润，就可以认为企业社会责任是构建企业竞争力的因素之一。企业承担社会责任会增加企业成本，似乎违背了企业竞争力的本意，但从企业社会责任与企业竞争力统一性的演化机理分析，企业战略性地承担了企业社会责任，既能具备较高的经济效益，也能带来较高的道德价值等社会效益，证明企业社会责任的投资可以增进企业的综合竞争力。经济效益与社会效益的协调发展是现代企业的必然要求，也是现代企业的主要特征。企业如果没有足够的利润，企业就有可能因为失去物质基础而消失。企业履行社会责任的前提是企业利润的实现，同时企业的社会责任承担与投资会帮助企业更好地实现经济利益。二是

[1] 邓玉华. 基于社会责任的企业竞争力研究[D]. 南昌：江西财经大学，2013：58.

从企业价值链传导机制的角度看，如何将在企业的经营活动中融入企业社会责任提高企业价值并提升企业竞争力是核心问题。企业价值链的作用是通过企业的投入产生价值的有效传导，而企业的社会责任是以企业文化或价值观为载体，并融入企业日常的经营管理活动中，将其价值传导给利益相关者的过程。因此，企业社会责任的价值链传导是企业与利益相关者的协调配合的互动模式，最终形成企业经营的良性循环，进而提升企业竞争力，社会责任竞争力通过价值链得以实现。

（2）根据前文对企业社会责任竞争力理论的分析后修改得到的部分题项。企业作为社会的有机组成部分，其竞争力主要取决于独特的、持续的竞争优势，企业的企业社会责任作为一种竞争优势，可以更广泛地提升企业竞争力，称为企业的社会责任竞争力。社会责任竞争力是指将企业社会责任融入企业的战略以及日常管理行为之中，并逐步提高企业绩效的一种竞争力。不论是有关企业社会责任对企业竞争力影响的宏观层面，还是企业社会责任对不同地区、不同行业企业竞争力的微观层面，企业社会责任对企业竞争力都具有积极正向的影响作用，因此，我国职业体育俱乐部企业社会责任竞争力可以得到一些参考。

（3）根据本研究关键事件访谈技术所获得的文本内容，经过分析后得到的题项。在针对“职业体育俱乐部企业社会责任与提升俱乐部竞争力的关系”进行访谈时，专家有以下观点。

职业体育俱乐部作为公众性较强的企业法人，其承担企业社会责任的多种行为会提升职业体育俱乐部的品牌形象、公众认可度、版权形象等多种利益点，这些独特的利益点将成为职业体育俱乐部的竞争优势，通过社会效益与价值传导等方式产生职业体育俱乐部的竞争力。例如，广州恒大足球俱乐部就是一个典型的例子，通过俱乐部不断地努力并多次在中超联赛颁奖典礼上获得最具社会责任奖、国家贡献奖等奖项而被公众广泛认可。广州恒大足球俱乐部始终以国家的责任作为自身的担当，通过不断地超前改革与承担市场责任，引进优质教练员与运动员而承担社会责任，通过制定详细的战略目标进行责任管理等手段不断提升自身的企业社会责任影响力，进而逐步提升了俱乐部的综合竞争力。

结合上述问卷开发设计原则和理念、问卷题项的来源，问卷依然选用Likert 5级计分方法进行计分，其中，“5”代表“完全同意”，“4”代表“同意”，“3”代表“一般”，“2”代表“不同意”，“1”代表“完全不同意”。“俱乐部企业社会责任竞争力问卷”与“我国职业体育俱乐部企业社会责任问卷”一同发放。初步设计的问卷题项如下（表4-25），共计1个维度、5个题项。

表4-25　我国职业体育俱乐部企业社会责任竞争力问卷

变量	题项
企业社会责任对俱乐部竞争力的影响	俱乐部承担社会责任会增加成本，所以俱乐部没必要通过承担社会责任来提高综合竞争力
	俱乐部履行社会责任的前提是俱乐部利润的实现，当其利润不足以弥补其机会成本时，就没必要承担社会责任
	俱乐部履行社会责任能够为俱乐部创造出可观的经济效益或运动成绩
	俱乐部社会责任的实施和强化必须通过日常经营管理活动才能实现
	社会责任是一种无形的精神驱动力，能通过价值链系统的运转使俱乐部的经营活动具有其他俱乐部所不能匹及的竞争优势和竞争力

4.3.2　我国职业体育俱乐部企业社会责任与竞争力研究假设

企业竞争力是指一个企业对其行为效益有贡献的各项活动，是企业在竞争性市场中所具有的能持续地、更有效地向市场提供产品或服务，并获得营利和自身发展的综合素质。企业竞争力主要体现在企业可持续性的竞争优势，资源和能力是企业获得竞争优势的基础，通过细化，企业竞争力可以主要从产品质量、获利能力、企业形象和品牌形象、人力资本、创新能力等指标去衡量。社会责任竞争力是指将企业社会责任融入企业的战略以及日常管理行为之中，并逐步提高企业绩效的一种竞争力。不论是有关企业社会责任对企业竞争力影响的宏观研究，还是企业社会责任对不同地区、不同行业企业竞争力的微观研究，企业社会责任对企业竞争力都具有积极正向的影响作用。基于此，本研究提出以下研究假设。

4.3.2.1 俱乐部责任管理与责任竞争力

企业竞争力可以通过产业结构与竞争规则的调整影响企业的战略制定，进而赢得竞争优势，并提升竞争力。企业社会责任强调将其融入企业的发展战略，并建立相应的企业社会责任管理体系，我国职业体育俱乐部要实现社会责任与俱乐部经营的更好融合，必然要建立一套能够保证运营的管理体系，并建立一套完整的责任机构监督企业社会责任的机制与体制建设、责任报告的定期披露等体系。这些行为都将更好地促使企业社会责任融入职业体育俱乐部的战略及日常管理，最终提升职业体育俱乐部的企业社会责任竞争力。因此，研究提出假设：H_1，我国职业体育俱乐部责任管理对企业社会责任竞争力具有正向显著的影响作用。

4.3.2.2 俱乐部对股东责任与责任竞争力

股东是向公司出资并对公司享有权利和承担义务的人。股东作为职业体育俱乐部重要的利益相关者，职业体育俱乐部对股东应承担相应的责任，保障股东权利的实现；保证股东价值最大化；完善治理结构，保护中、小投资者利益；规范信息披露等。虽然在某些特定环境下，股东对企业的部分操作可能会导致股东的责任与企业竞争优势持续性在某个时间段呈现出负相关，但由于目前我国经济基本面转好，体育产业成长性较好，职业体育俱乐部增加投资的可能性较大，对其他利益相关者均会产生有利面，从而提升职业体育俱乐部的企业社会责任竞争力。因此，研究提出假设：H_2，我国职业体育俱乐部股东责任对企业社会责任竞争力具有正向显著的影响作用。

4.3.2.3 俱乐部对消费者责任与责任竞争力

企业作为一个经济组织，服务对象就是购买其产品或服务的消费者。职业体育俱乐部的消费者是指为比赛或相关消费而需购买、使用商品或接受服务的公民个人和单位。消费者责任是职业体育俱乐部企业社会责任中重要的组成部分，职业体育俱乐部履行企业社会责任的一个重要驱动力就是为了回应和满足消费者的合理期望和要求。消费者责任包括消费者安全、知情权、选择权、倾听权、补偿权、消费者教育、健康的环境、尊重隐私权、消费者防御性保护措施、性别平等和赋予妇女权利等很多方面，职业体育俱乐部只有承担较为全面的消费者责任，才能得到消费者的支持和赞许。消费者作为产品或服务的直接使用者，对职业体育俱乐部企业社会责任的感受是最直接的，俱乐部不仅要承担消费者责任，而且消费者反过来可以更好地推动职业体育俱乐部履行更多的社会责任。因此，研究提出假设：H_3，我国职业体育俱乐部消费者责任对企业社会责任竞争力具有正向显著的影响作用。

4.3.2.4 俱乐部对合作伙伴责任与责任竞争力

我国职业体育俱乐部的合作伙伴多数指的是俱乐部的所有供应商、赞助商等。ISO 26000《社会责任指南》指出，供应链是“向组织提供产品或服务的活动序列或有关各方”，职业体育俱乐部中的教练员、运动员、医务人员、训练用品、比赛场地与环境、比赛的媒体推广与宣传、比赛的运作等都需要大量的供应商或赞助商，这必然呈现出供应链上各种供应商的复杂性特点。我国职业体育俱乐部合作伙伴的社会责任是基于供应链基础上的复杂的多方关系网络，需要对各方的社会责任进行规范与完善。职业体育俱乐部只有处理好各种合作伙伴的关系，才能更好地发展。因此，研究提出假设：H_4，我国职业体育俱乐部合作伙伴责任对企业社会责任竞争力具有正向显著的影响作用。

4.3.2.5 俱乐部对运动员及员工责任与责任竞争力

员工是利益相关者中最重要的一个组成部分，对员工权益的保障已成为企业社会责任最直接和最主要的内容。运动员与其他员工是俱乐部财富的创造者，职业体育俱乐部的发展离不开运动员与员工的劳动创造，运动员的训练、比赛以及其他人员的配合都是为了职业体育俱乐部创造可观的经济价值。职业体育俱乐部需要处理好对运动员及员工的劳动关系、保证运动员及员工的体面劳动，同时做好运动员及员工的基本权益保障、劳动报酬、职业健康与安全、社会保障、发展与关爱、工会组建与发挥作用、女职工及其他特殊人群保护等多方面的责任工作。因此，研究提出假设：H_5，我国职业体育俱乐部运动员及员工责任对企业社会责任竞争力具有正向显著的影响作用。

4.3.2.6 俱乐部对环境责任与责任竞争力

企业环境责任是企业社会责任的一个重要组成部分，企业可持续性地对环境及资源进行合理的保护与利用，这是企业对人类社会负责的重要体现。我国职业体育俱乐部在环境法律责任与环境道德责任两个方面都需要去完善，职业体育俱乐部在运营过程中，其训练、比赛、与社会互动等过程均会产生对环境的影响，节约资源，减少水、电、噪声等浪费、污染，维持良好而文明的赛场人文环境等责任是职业体育俱乐部面临的主要问题。因此，研究提出假设：H_6，我国职业体育俱乐部环境责任对企业社会责任竞争力具有正向显著的影响作用。

4.3.3 我国职业体育俱乐部企业社会责任竞争力初始问卷检验分析

此初始问卷会同我国职业体育俱乐部企业社会责任初始问卷一起发放、回收、统计。问卷发放数量为252份，回收问卷为207份，其中有效问卷为176份，回收率为82.14%，有效率为85.02%。本研究将依据这些数据对该初始问卷进行信效度检验分析。

4.3.3.1 描述性统计

在进行信效度分析之前，首先通过描述性统计分析了解回收数据的基本特征，结合本研究对收回的176份初始问卷各题项的统计结果（表4-26）可以看出，被测试各题项的平均值分布比较均衡，标准差均基本处于0.8～1.3，样本数据的离散程度不大，偏度的绝对值均小于1.3，峰度的绝对值均小于1.0。可以看出，样本数据符合正态分布要求。

表4-26　职业体育俱乐部企业社会责任竞争力初始问卷各题项描述性统计

	个数	平均值	标准差	偏度		峰度	
	统计	统计	统计	统计	标准误差	统计	标准误差
Q9R1	176	1.932	0.9597	0.6480	0.183	−0.511	0.364
Q9R2	176	4.080	0.8909	−0.501	0.183	−0.816	0.364
Q9R3	176	3.869	1.1952	−0.821	0.183	−0.361	0.364
Q9R4	176	4.227	1.0167	−1.229	0.183	0.869	0.364
Q9R5	176	4.02	1.258	−1.095	0.183	0.070	0.364

4.3.3.2　信度分析

问卷的信度是指测量数据与结论的可靠性程度。信度分析主要是通过内部一致性系数检验所开发问卷在测量相关变量时是否具有一致性和稳定性。本研究问卷的内部一致性系数如表4-27所示，职业体育俱乐部企业社会责任竞争力的Cronbach's α系数为0.918，说明问卷的信度比较理想。

表4-27　职业体育俱乐部企业社会责任竞争力初始问卷信度

因子	题项数量	Cronbach's α 系数
企业社会责任竞争力	5	0.918

4.3.3.3　结构效度分析

此初始问卷经过专家的评审后具有较好的内容效度。结构效度将通过问卷题项的探索性因子分析进行检验，运用主成分分析法对问卷5个题项进行总方差解释（表4-28）。结果发现，特征值大于1的只有一个题项，特征值为2.641，其他题项的特征值均小于1，数值较为均匀，5个题项统一为一个维度。

表4-28　职业体育俱乐部企业社会责任竞争力初始问卷探索性因子分析总方差解释

成分	初始特征值			提取载荷平方和		
	总计	方差百分比/%	累积百分比/%	总计	方差百分比/%	累积百分比/%
1	2.641	52.829	52.829	2.641	52.829	52.829
2	0.738	14.760	67.589	—	—	—
3	0.654	13.078	80.667	—	—	—
4	0.555	11.101	91.768	—	—	—
5	0.412	8.232	100.000	—	—	—

注：提取方法为主成分分析法。

通过上文对职业体育俱乐部企业社会责任竞争力初始问卷的信度与效度的检验分析，可以看出由“俱乐部的企业社会责任成本”“俱乐部承担企业社会责任时的利润实现”“俱乐部履行企业社会责任带来的效益”“俱乐部企业社会责任的实施”“俱乐部企业社会责任的价值传导”5个题项构成的企业社会责任竞争力这一维度比较理想，适合形成正式问卷做进一步分析。

4.3.4 我国职业体育俱乐部企业社会责任竞争力实证分析

将上述问卷编制成正式问卷会同我国职业体育俱乐部企业社会责任正式问卷一起发放、回收、统计。问卷发放数量为315份，回收问卷为270份，其中有效问卷为239份，回收率为85.71%，有效率为88.52%。本研究将依据这些回收数据对该正式问卷进行实证分析。

4.3.4.1 描述性统计

结合本研究对收回的239份正式问卷各题项的统计结果（表4-29）可以看出，被测试各题项的平均值分布比较均衡，标准差均基本处于0.9～1.3，样本数据的离散程度不大，偏度的绝对值均小于1.3，峰度的绝对值均小于1.0。可以看出，样本数据符合正态分布要求。

表4-29 职业体育俱乐部企业社会责任竞争力正式问卷各题项描述性统计

	个数	平均值	标准差	偏度		峰度	
	统计	统计	统计	统计	标准误差	统计	标准误差
Q7R1	239	1.87	0.949	0.790	0.157	-0.158	0.314
Q7R2	239	4.11	0.906	-0.559	0.157	-0.816	0.314
Q7R3	239	3.91	1.183	-0.903	0.157	-0.181	0.314
Q7R4	239	4.25	1.002	-1.204	0.157	0.680	0.314
Q7R5	239	4.02	1.262	-1.090	0.157	0.024	0.314

4.3.4.2 信度分析

本研究采用广泛使用的内部一致性系数Cronbach's α系数来进行信度分析，问卷的内部一致性系数如表4-30所示。由表4-30数据可见，俱乐部企业社会责任竞争力的Cronbach's α系数为0.923，表明正式问卷具有较好的信度。

表4-30　职业体育俱乐部企业社会责任竞争力正式问卷信度

因子	题项数量	Cronbach's α 系数
企业社会责任竞争力	5	0.923

4.3.4.3　结构效度分析

本研究运用探索性因子分析对正式问卷的结构效度进行检验，采用抽取主成分分析法对样本数据进行分析。通过表4-31可知，特征值大于1的只有一个题项，特征值为2.739，其他题项的特征值均小于1，数值较为均匀，该问卷具有较好的结构效度。

表4-31　职业体育俱乐部企业社会责任竞争力正式问卷探索性因子分析总方差解释

成分	初始特征值			提取载荷平方和		
	总计	方差百分比/%	累积百分比/%	总计	方差百分比/%	累积百分比/%
1	2.739	54.773	54.773	2.739	54.773	54.773
2	0.669	13.370	68.143	—	—	—
3	0.625	12.501	80.644	—	—	—
4	0.543	10.866	91.510	—	—	—
5	0.424	8.490	100.000	—	—	—

注：提取方法为主成分分析法。

4.3.4.4　相关分析

本研究相关分析是以每个维度分数与总分的相关作为该维度鉴别力的指标，分数越高，相关越高，采用Pearson相关可以计算每个维度得分与总分的相关。从表4-32中可以看出，我国职业体育俱乐部企业社会责任各维度与企业社会责任竞争力之间均存在极显著性的相关。其中，责任管理与企业社会责任竞争力之间存在极显著正相关（r=0.7906）；股东责任与企业社会责任竞争力之间存在极显著正相关（r=0.8379）；消费者责任与企业社会责任竞争力之间存在极显著正相关（r=0.5873）；合作伙伴责任与企业社会责任竞争力之间存在极显著正相关（r=0.6542）；运动员及员工责任与企业社会责任竞争力之间存在极显著正相关（r=0.5347）；环境责任与企业社会责任竞争力之间存在极显著正相关（r=0.5808）。可以看出，我国职业体育俱乐部企业社会责任的6个维度与企业社会责任竞争力都呈现显著正相关关系，而且股东责任、责任管理、合作伙伴责任3个维度较其他维度显著性更为明显，说明是影响企业社会责任竞争力的非常关键的因素。

表4-32　职业体育俱乐部企业社会责任各维度与企业社会责任竞争力相关系数

	责任管理	股东责任	消费者责任	合作伙伴责任	运动员及员工责任	环境责任
企业社会责任竞争力	0.7906**	0.8379**	0.5873**	0.6542**	0.5347**	0.5808**

注：**表示P<0.01。

4.3.4.5　我国职业体育俱乐部企业社会责任对俱乐部竞争力预测分析

本研究对我国职业体育俱乐部企业社会责任与企业社会责任竞争力进行回归分析，职业体育俱乐部企业社会责任的责任管理、股东责任、消费者责任、合作伙伴责任、运动员及员工责任、环境责任为自变量，企业社会责任竞争力为因变量。通过表中所示的模型数据（表4-33）进行职业体育俱乐部企业社会责任对职业体育俱乐部竞争力的预测分析，职业体育俱乐部企业社会责任整体对企业社会责任竞争力有显著影响（P<0.05），R^2值为0.872，所引起的F检验值为264.43，$\triangle R^2$值为0.869，即职业体育俱乐部企业社会责任各维度解释的方差变异量为86.9%。在进行职业体育俱乐部企业社会责任对企业社会责任竞争力的影响预测分析之时，对回归数据做了异方差检验，结果显示P值为0.000 8<0.5，不存在异方差。通过回归系数的权重可以看出，股东责任与责任管理对职业体育俱乐部企业社会责任竞争力的贡献最大。分维度回归（表4-34）可以看出，各维度与企业社会责任竞争力均表现出具有显著影响，各维度均对企业社会责任竞争力具有较大的贡献率。同时，通过职业体育俱乐部企业社会责任与企业社会责任竞争力回归模型的ANOVA可知，均通过F显著性检验，说明模型中的自变量是合理的。基于此，可验证本研究上文提出的相关假设。

H_1讨论的是职业体育俱乐部责任管理与责任竞争力的关系，假设内容为“我国职业体育俱乐部责任管理对企业社会责任竞争力具有正向显著的影响作用”。检验结果表明，回归系数为0.491，$P<0.05$，假设通过验证，同预期是一致的。

H_2讨论的是职业体育俱乐部对股东责任与责任竞争力的关系，假设内容为“我国职业体育俱乐部股东责任对企业社会责任竞争力具有正向显著的影响作用”。检验结果表明，回归系数为0.538，$P<0.05$，假设通过验证，同预期是一致的。

H_3讨论的是职业体育俱乐部对消费者责任与责任竞争力的关系，假设内容为“我国职业体育俱乐部消费者责任对企业社会责任竞争力具有正向显著的影响作用”。检验结果表明，回归系数为0.287，$P<0.05$，假设通过验证，同预期是一致的。

H_4讨论的是职业体育俱乐部对合作伙伴责任与责任竞争力的关系，假设内容为“我国职业体育俱乐部合作伙伴责任对企业社会责任竞争力具有正向显著的影响作用”。检验结果表明，回归系数为0.354，$P<0.05$，假设通过验证，同预期是一致的。

H_5讨论的是职业体育俱乐部对运动员及员工责任与责任竞争力的关系，假设内容为“我国职业体育俱乐部运动员及员工责任对企业社会责任竞争力具有正向显著的影响作用”。检验结果表明，回归系数为0.235，$P<0.05$，假设通过验证，同预期是一致的。

H_6讨论的是职业体育俱乐部对环境责任与责任竞争力的关系，假设内容为“我国职业体育俱乐部环境责任对企业社会责任竞争力具有正向显著的影响作用”。检验结果表明，回归系数为0.281，$P<0.05$，假设通过验证，同预期是一致的。

标准化回归模型如下：职业体育俱乐部竞争力=责任管理×0.491+股东责任×0.538+消费者责任×0.287+合作伙伴责任×0.354+运动员及员工责任×0.235+环境责任×0.281。

表4-33 职业体育俱乐部企业社会责任与企业社会责任竞争力回归分析

变量	回归系数	标准误	t	P	95%置信区间		R^2	$\triangle R^2$	F
							0.872	0.869	264.43
责任管理	0.491	0.023	20.93	0.000	0.444	0.537			
股东责任	0.538	0.023	22.94	0.000	0.492	0.584			
消费者责任	0.287	0.023	12.26	0.000	0.241	0.333			
合作伙伴责任	0.354	0.023	15.11	0.000	0.308	0.400			
运动员及员工责任	0.235	0.023	10.01	0.000	0.188	0.281			
环境责任	0.281	0.023	11.98	0.000	0.235	0.327			

表4-34 职业体育俱乐部企业社会责任与企业社会责任竞争力回归模型ANOVA

模型		平方和	自由度	均方	F	显著性
责任管理	回归	223.771	132	1.695	12.629	0.000
	残差	14.229	106	0.134		
	总计	238.000	239			
股东责任	回归	215.888	132	1.636	7.840	0.000
	残差	22.112	106	0.209		
	总计	238.000	239			
消费者责任	回归	194.617	132	1.474	3.602	0.000
	残差	43.383	106	0.409		
	总计	238.000	239			
合作伙伴责任	回归	210.074	132	1.591	6.041	0.000
	残差	27.926	106	0.263		
	总计	238.000	239			
运动员及员工责任	回归	208.866	132	1.582	5.757	0.000
	残差	29.134	106	0.275		
	总计	238.000	239			
环境责任	回归	183.601	132	1.391	2.710	0.000
	残差	54.399	106	0.513		
	总计	238.000	239			

4.4 讨论

我国职业体育俱乐部企业社会责任理论模型的构建是职业体育俱乐部健康、有序、快速发展的关键开始，可以从根本上助力职业体育俱乐部“外塑形象、内强管理”的发展诉求。我国从体育大国到体育强国的转变过程中，职业体育俱乐部自身的发展以及具备不可取代的竞争优势是至关重要的，为了实现“全地域覆盖、全周期服务、全社会参与、全球化合作、全人群共享”的“大体育”理念，促进职业体育赛事的可持续发展，职业体育俱乐部对社会责任的全面承担是必要的前提。这就要求职业体育俱乐部承担社会责任要符合企业社会责任理论的规定、职业体育俱乐部所属行业的特色以及我国职业体育俱乐部具体的发展现状等多方面的条件，并从应有的利益相关者角度出发进行调研、统计、检验、分析等，逐步提炼我国职业体育俱乐部承担社会责任的多重指标，并将其转化为提升职业体育俱乐部竞争力的可行性手段。社会责任是通过履责信息的及时、客观、准确的披露得到认可的，职业体育俱乐部也需要快速地发展与成熟，通过披露完善的社会责任信息为我国职业体育的发展做出贡献。

本研究主要探讨的问题有：我国职业体育俱乐部企业社会责任的理论基础；我国职业体育俱乐部企业社会责任的指标体系；我国职业体育俱乐部企业社会责任与俱乐部竞争力的关系。

4.4.1 我国职业体育俱乐部企业社会责任的“四位一体”理论基础

企业社会责任是当今世界企业发展的重要时代潮流，是经济全球化时代新的商业规则，是现代企业核心价值观和竞争力的重要体现。职业体育俱乐部作为体育企业，也要迎合时代潮流，将企业社会责任作为自身的核心价值观和提升竞争力的主要抓手。

企业社会责任的理论发展主要来自国外。1970年，弗里德曼指出，“企业的唯一社会责任就是在遵守游戏规则的前提下，组织资源进行商业活动赚取利润”，提出了股东利益最大化理论；1984年，弗里曼指出，“任何企业的发展都离不开各种利益相关者的投入和参与，企业追求的是利益相关者的整体利益，而不是某个主体的利益”，提出了利益相关者理论；1991年，卡罗尔指出，“企业社会责任包括经济、法律、伦理和自行裁量的责任4个层次”，提出了“金字塔”理论；1997年，埃尔金顿指出，“企业行为要满足经济底线、社会底线和环境底线的三重责任”，提出了“三重底线”理论。同时，结合这些理论还产生了很多企业社会责任的指标体系：道琼斯可持续发展指数（1999）、联合国“全球契约十项原则”（2000）、ISO 26000《社会责任指南》（2010）、GRI G4《可持续发展报告指南》（2013）、联合国可持续发展目标（2015）、SA 8000、《ESG报告指引》等。但这些理论及指标体系与我国基本国情和企业发展阶段有很大差异，难以有效地指导我国企业的实际发展。因此，2009年，黄群慧等结合“三重底线”理论和利益相关者理论，构建了 企业社会责任“四位一体”理论模型，逐渐成为国内企业社会责任理论主流。

本研究根据我国的基本国情和职业体育俱乐部的发展现状，对我国职业体育俱乐部企业社会责任的研究应用了企业社会责任 “四位一体”理论作为基础，具有较强的实用性。

第一，此理论强调了责任管理的重要作用。有效的责任管理是俱乐部履行社会责任的前提，只有构建了健全的责任管理体制与机制，职业体育俱乐部的履责之路才会畅通。同时，此理论在核心部分强调了责任战略、责任治理和责任融合，如果缺乏责任战略，职业体育俱乐部的企业社会责任工作就失去了目标和方向；如果缺乏责任治理和融合，职业体育俱乐部的企业社会责任就会成为空谈。因此，职业体育俱乐部在履责之初就应该思考战略性的责任管理。责任管理是职业体育俱乐部企业社会责任发展的基石，责任管理的体系化将是俱乐部企业社会责任发展的方向。我国职业体育俱乐部责任管理体系的建立是一个任重而道远的过程。

第二，此理论模型打破了国际上通行的“经济责任、社会责任和环境责任”的初始责任划分，改为包含责任管理、市场责任、社会责任和环境责任的“四位一体”理论模式，将“消费者责任、股东责任和合作伙伴责任”组合为市场责任取代了经济责任，理论结构更加平衡。根据调研发现，股东责任是我国职业体育俱乐部最主要的责任，但披露与呈现的较少，呈现或关注较多的是通过比赛的成绩、战报消息和球票的销售公告等得以体现的职业体育俱乐部对消费者的责任，其中尤其关注了职业体育俱乐部对球迷的责任体现，同时也呈现了较多的职业体育俱乐部对合作伙伴的责任，保证合作伙伴的利益得到保障。股东责任、消费者责任与合作伙伴责任合称为“四位一体”理论的市场责任。在职业体育俱乐部的社会责任部分，体现较多的是俱乐部对运动员、教练员等员工的责任，通过实施高薪酬、青训计划、培训与学习、大量比赛等措施加强了对运动员与教练员等员工的责任承担，对政府与社区责任则主要是通过树立国家荣誉感和开展公益慈善活动得以体现的。在职业体育俱乐部的环境责任部分，主要是通过职业体育俱乐部训练基地与场馆的环境治理、赛场内俱乐部合理引导观众文明观赛、赛场外交通与垃圾等治理得以体现的。

第三，此理论模型在国内已广泛使用于多个行业，具有较强的实用性，从初始的能源、电力等公共事业，发展到制造、贸易、金融、房地产等46个行业，均已较为成熟，现试用于体育行业，具有较强的实践基础，更有利于我国职业体育俱乐部企业社会责任的体系构建，为我国企业社会责任报告的系统编写提供行业参考。

4.4.2 我国职业体育俱乐部企业社会责任的6因子模型

通过企业社会责任理论与实践的发展可以得知，企业社会责任最初推崇的是股东利益最大化理论，强调企业经营的唯一目标是利润，随着社会、经济、环境等受到较大的影响后，企业的发展不得不考虑多个利益相关者的和谐发展，因此，产生了企业社会责任的利益相关者理论并受到企业的广泛认同。在国际上得到广泛发展与应用之后，企业社会责任理论传入我国并逐步融入我国企业的实践之中，经过多年的发展和企业社会责任指标体系的完善及社会责任报告的披露，国内产生了更适合我国国情与企业现状的企业社会责任“四位一体”理论模型，该理论依据“三重底线”理论平衡了因子间的关系，同时强调利益相关者的多种因子的存在。本研究在此基础上形成了我国职业体育俱乐部企业社会责任的8个因子，分别为责任管理、股东责任、消费者责任、合作伙伴责任、政府责任、运动员及员工责任、社区责任与环境责任。

基于此，构建的职业体育俱乐部企业社会责任的8个因子符合企业社会责任“四位一体”理论模型的基本结构，其中的股东责任、消费者责任、合作伙伴责任属于市场责任范畴。在俱乐部对股东承担责任的维度，通过“俱乐部向股东公布了营业收入、增长率等成长性指标”“俱乐部向股东公布了净利润增长率、净资产收益率等收益性指标”“俱乐部向股东公布了资产负债率等与职业体育俱乐部财务安全相关的指标”“俱乐部设立了投资者关系管理机构、制度等体系”共4个方面对职业体育俱乐部的责任承担进行了测试；在职业体育俱乐部对消费者承担责任的维度，通过“俱乐部建立了消费者关系管理制度”“俱乐部具有确保欣赏比赛或者运动场所安全的制度及措施”“俱乐部具有欣赏比赛或者运动场所环境卫生管理制度及措施”“俱乐部具有提供积极健康的比赛或运动产品的政策、制度及措施”“俱乐部具有为特殊人群服务的制度及措施”“俱乐部具有保障青少年及儿童身心健康的制度及措施”“俱乐部具有消费者争端解决机制”“俱乐部积极应对消费者投诉”“俱乐部对消费者信息进行了保护”“俱乐部采用了消费者满意度调查”“俱乐部拥有倡导比赛或运动服务创新的制度”共11个方面对职业体育俱乐部的责任承担进行了测试；在职业体育俱乐部对合作伙伴承担责任的维度，通过“俱乐部把‘诚信’作为基本价值观，并制定了相应保障制度”“俱乐部对供应商提出了‘遵守法规’‘诚信经营’等责任要求”“俱乐部倡导供应商公平竞争的合作理念，并制定了相应保障制度”“俱乐部与供应商具有较高的合同完成比例”共4个方面对职业体育俱乐部的责任承担进行了测试。内容涉及市场责任1个维度，包括股东责任4个题项、消费者责任11个题项、合作伙伴责任4个题项，共19个题项，概括了我国职业体育俱乐部在市场经济中负责任的主要行为表现。

政府责任、运动员及员工责任、社区责任属于社会责任范畴。

在俱乐部对政府承担责任的维度，通过“俱乐部具有反腐败、反商业贿赂、合规手册等守法合规措施”“俱乐部实际交纳了全年应交的税金总额”“俱乐部设立了带动就业的相关政策或措施”共3个方面对职业体育俱乐部的责任承担进行了测试；在职业体育俱乐部对运动员及员工承担责任的维度，通过“俱乐部严格遵守《劳动法》《劳动合同法》等法律法规”“俱乐部与大多数运动员、教练员等员工签订了劳动合同”“运动员、教练员等大多数员工参与了社会保险”“俱乐部为运动员、教练员等员工提供了不低于同等行业的薪酬”“俱乐部为运动员、教练员等员工提供了相应的每年人均带薪休假天数”“俱乐部在运动员及员工的雇用过程中，没有将性别、年龄、肤色、身高、伤残等生理特征以及民族、国籍、宗教信仰、政治信仰、语言等社会特征作为是否聘用的选择标准或依据”“俱乐部设立了较完整的职业病防治制度”“俱乐部雇用了一定数量的残疾人”“俱乐部为运动员、教练员等员工进行了一定的体检并建立了健康档案”“俱乐部具有较完善的培训组织机构、培训制度、培训类别、课程体系、培训考核等培训体系”“俱乐部具备较完善的运动员及员工意见或建议传达到高层的渠道，如座谈会、意见箱等”“俱乐部投入了一定的资金帮扶困难的员工”“俱乐部对运动员及员工进行的关于本俱乐部的政策与管理制度、工作环境、工作内容、人际关系、薪酬等的态度调查”“俱乐部具备员工、俱乐部和政府三方一起谈判解决关于雇用的重大问题，或者劳方集体性地通过工会与资方谈判雇用条件的对话机制”共14个方面对职业体育俱乐部的责任承担进行了测试；在职业体育俱乐部对社区承担责任的维度，通过“俱乐部为所在社区的社区建设、社区生活或社区活动等产生了积极的影响”“俱乐部组织了大量慈善捐赠救助活动”“俱乐部在当地社区举办了大量员工志愿者活动”“俱乐部积极配合相关部门打击非法活动”“俱乐部采取了确保经营活动不扰民的政策、制度及措施”共5个方面对职业体育俱乐部的责任承担进行了测试。内容涉及社会责任1个维度，包括政府责任3个题项、运动员及员工责任14个题项、社区责任5个题项，共22个题项，概括了我国职业体育俱乐部在社会绩效方面的主要利益相关者的责任担当与贡献。

在职业体育俱乐部责任管理的维度，通过“俱乐部具有较强的社会责任理念”“俱乐部具有明确的社会责任承担方向或具体项目”“俱乐部制定了社会责任目标与规划”“俱乐部设立了社会责任领导机构与组织体系”“俱乐部具备明确的社会责任管理制度”“俱乐部举办了社会责任培训”“俱乐部明确利益相关者的期望并给予回应”“俱乐部制定了推动合作伙伴履行社会责任的倡议”“俱乐部具有内网、内部刊物等社会责任内部沟通机制”“俱乐部与教研机构开展社会责任合作”共10个方面对职业体育俱乐部的责任承担进行了测试。内容概括了我国职业体育俱乐部企业社会责任的责任管理理念与俱乐部战略、治理结构和日常运营的相互融合。

在职业体育俱乐部对环境承担责任的维度，通过“俱乐部开展了环保培训与宣教活动”“俱乐部对比赛、活动及供应商提出了绿色环保要求”“俱乐部开展了环境保护公益事业方面的活动”“俱乐部采用了节约能源的制度或措施”“俱乐部采用了节约水资源的制度或措施”共5个方面对职业体育俱乐部的责任承担进行了测试。内容概括了我国职业体育俱乐部在训练、比赛、与社会互动等过程中对环境保护应采取的制度与措施。

职业体育俱乐部的市场责任、社会责任、责任管理、环境责任一起构成了“四位一体”的4个有机组成部分，共通过56个题项对其进行了解释。职业体育俱乐部企业社会责任的8个因子经过了理论分析与专家访谈的评价，包含了职业体育俱乐部经营过程中的主要利益相关者，遵循了企业社会责任的主流理论与实践发展。将8个维度56个题项所收集数据通过探索性因子分析后发现，政府责任与社区责任两个维度被删除，主要有两方面原因。（1）被删除两个维度的内容包括：职业体育俱乐部对当地政府承担的责任主要是从职业体育俱乐部的守法合规措施、职业体育俱乐部交纳的税金总额、职业体育俱乐部带动就业3个角度进行衡量；职业体育俱乐部对当地社区承担的责任主要是从俱乐部对社区的影响、职业体育俱乐部的慈善活动、俱乐部的志愿者活动、职业体育俱乐部打击非法活动、职业体育俱乐部的不扰民活动5个角度进行衡量。面对上述调查内容，运动员作为问卷的主要被调查者，占到总人数的52.27%，他们可能对这8个方面内容不太熟悉、认知度不够或者只参与了其中极少部分的内容，造成了政府责任与社区责任两个维度不够3个题项而被删除。（2）面对调查内容，被调查者可能参与相关活动较少，也说明所调查职业体育俱乐部对政府所承担的责任以及与社区的多种互动是欠缺的、不够全面的或者在这两个维度上的责任信息披露是较少的。因此，职业体育俱乐部在对政府责任与社区责任两个方面需要加强，或者需要将所承担的相关信息及时披露。

最终，本研究认为我国职业体育俱乐部企业社会责任包括责任管理、股东责任、消费者责任、合作伙伴责任、运动员及员工责任和环境责任，然后共同聚敛为我国职业体育俱乐部企业社会责任，形成了一个6因子模型。其中，在责任管理维度，“俱乐部具有明确的社会责任承担方向或具体项目”与“俱乐部制定了社会责任目标与规划”两个题项被删除，说明职业体育俱乐部的责任战略更多的是存在于责任理念状态，而没有更好地分解为具体的目标与规划；在消费者责任维度，只保留了职业体育俱乐部对消费者的“信息保护”“满意度调查”与“服务创新”3个题项，其他题项均被删除，说明职业体育俱乐部对消费者的关系管理、安全措施、场地环境、健康比赛、服务特殊人群、解决消费者争端与投诉等方面还是存在欠缺的；在运动员及员工责任的维度，职业体育俱乐部对运动员及员工的相关雇用制度与疾病防治的6个题项被删除，说明职业体育俱乐部对员工的雇用机制与健康保障机制有待提高。最后，我国职业体育俱乐部企业社会责任指标体系问卷被确定为包含6个因子32个题项，通过验证性因子分析，发现6个因子的载荷均在0.7以上，说明本研究对我国职业体育俱乐部企业社会责任的结构划分是可信的。

4.4.3 股东责任与责任管理显著影响我国职业体育俱乐部的竞争力

数据分析后得知，我国职业体育俱乐部企业社会责任指标体系中的各个维度均较为显著地影响着俱乐部的竞争力。其中，股东责任与责任管理两个维度具有显著的影响，回归系数值分别为0.538与0.491。通过此权重，股东责任与责任管理两个指标可被认为是影响俱乐部竞争力的企业社会责任第一梯队的指标，可作为影响俱乐部竞争力的主要发力点。其他指标，消费者责任、合作伙伴责任、运动员及员工责任、环境责任与俱乐部竞争力的回归系数值为0.287、0.354、0.235、0.281，也呈现显著影响。通过此权重，这些指标可被认为是影响俱乐部竞争力的企业社会责任第二梯队的指标，可作为影响俱乐部竞争力的主要稳定点。

股东责任与责任管理对俱乐部竞争力的显著影响与很多研究结论是非常一致的。关于股东责任方面，多数研究（叶敏华，2007；刘文纲，等，2009；陈承，等，2014）结果表明，企业对股东承担的责任是企业发展的基础，只有企业在合法合规的基础上获得良好的利润回报与物质保障才可以促进企业的良好运行，并承担起对其他利益相关者的责任。关于责任管理方面，很多研究（许正良，等，2008；侯仕军，2009；李伟阳，等，2010；赵艳荣，等，2012）也曾表明，企业社会责任理念需要与企业发展战略相融合，进而形成企业的企业社会责任管理体系，逐步通过日常的管理行为与企业的经营行为表现出来，可以大幅度提升企业的自身价值认同与可持续发展。本研究表明，股东责任与责任管理显著影响俱乐部的竞争力，说明股东责任与责任管理对职业体育俱乐部企业社会责任竞争力问卷具有较高的一致性。在职业体育俱乐部企业社会责任竞争力问卷中与股东责任相关的内容有Q7R1“俱乐部承担社会责任会增加成本，所以俱乐部没必要通过承担社会责任来提高综合竞争力”、Q7R2“俱乐部履行社会责任的前提是俱乐部利润的实现，当其利润不足以弥补其机会成本时，就没必要承担社会责任”、Q7R3“俱乐部履行社会责任能够为俱乐部创造出可观的经济效益或运动成绩”，证明职业体育俱乐部股东或投资人认为有必要通过承担企业社会责任来提升职业体育俱乐部的竞争力。同时，也表明股东责任对提升职业体育俱乐部竞争力的重要价值，强调我国职业体育俱乐部需要对公司股东负责，需要定期向股东公布相关财务数据并建立合理的投资者关系管理机构与制度。在职业体育俱乐部企业社会责任竞争力问卷中与责任管理相关的内容有Q7R4“俱乐部社会责任的实施和强化必须通过日常经营管理活动才能实现”、Q7R5“社会责任是一种无形的精神驱动力，能通过价值链系统地运转使俱乐部的经营活动具有其他俱乐部所不能匹及的竞争优势和竞争力”，说明职业体育俱乐部的经营管理需要与责任管理相融合才能更好地提升职业体育俱乐部的竞争力。同时，也强调职业体育俱乐部需要通过社会责任管理机构的完善、制度与体系的建立、与其他责任机构的良好合作等，逐步向职业体育俱乐部的利益相关者传达责任理念、进行责任倡议。只有将职业体育俱乐部股东责任与责任管理作为主要发力点，增加其关注程度与投入力度，建立完善的职业体育俱乐部社会责任机制与体制，才可以将社会责任作为职业体育俱乐部更好的抓手，提升职业体育俱乐部的竞争力。因此，股东责任与责任管理可被视为职业体育俱乐部提升企业社会责任竞争力第一梯队的核心指标。

职业体育俱乐部消费者责任、合作伙伴责任、运动员及员工责任、环境责任对提升职业体育俱乐部竞争力的显著影响也与相关研究的结论高度一致。关于消费者责任的相关研究结论（周祖成，等，2007；乔舒华，等，2008；韩李静，等，2012）表明，消费者是企业主要的利益相关者，对提升企业的品牌、形象、产品认知都具有较大影响。关于合作伙伴责任的相关研究结论（娄祝坤，等，2015）表明，合作伙伴保证着企业运营的稳定执行，是企业提供优质服务的重要前提。关于运动员及员工责任的相关研究结论（李荡，等，2008；殷格非，等，2010）表明，员工是企业财富的创造者，是企业最重要的利益相关者，企业可以通过员工获得可持续的竞争优势；关于环境责任的相关研究结论（何显富，等，2010；韩金红，2015；潘永建，2015）表明，在企业发展的同时，很多环境受到了很大的破坏与影响，环境的保护与合理利用是保证企业可持续发展的重要因素，是提升企业竞争力的重要指标。通过上述相关研究可以证明消费者责任、合作伙伴责任、运动员及员工责任、环境责任对提升企业竞争力的重要性，职业体育俱乐部会将这些责任指标作为主要的衡量与评价标准，也是俱乐部保持竞争力的基础条件与保障。因此，消费者责任、合作伙伴责任、运动员及员工责任、环境责任可被视为职业体育俱乐部提升企业社会责任竞争力第二梯队的核心指标。

4.5 小结

本章节主要论述了我国职业体育俱乐部企业社会责任的行业特色、职业体育俱乐部企业社会责任指标模型的构建与验证，以及职业体育俱乐部企业社会责任与竞争力的关系。在职业体育俱乐部企业社会责任行业特色的部分，结合企业社会责任“四位一体”理论，分别从职业体育俱乐部的责任管理、市场责任、社会责任与环境责任4个方面论述了目前我国职业体育俱乐部的企业社会责任现状、困境与发展。而后，从责任管理、股东责任、消费者责任、合作伙伴责任、政府责任、运动员及员工责任、社区责任、环境责任8个方面阐述了构建我国职业体育俱乐部企业社会责任模型的理论基础，为职业体育俱乐部企业社会责任指标模型找到了理论支撑。通过理论的支撑提出了职业体育俱乐部企业社会责任理论模型为二阶9因子模型，一阶包括上述8个理论因子，共同聚敛为二阶的1个因子，即我国职业体育俱乐部企业社会责任。

职业体育俱乐部理论模型构建完成后，需要对该模型进行验证，验证数据均通过调查问卷获得，因此，本研究根据企业社会责任“四位一体”理论模型、《中国企业社会责任报告编写指南》的相关内容、专家访谈后得到的相关内容3个部分设计了“我国职业体育俱乐部企业社会责任初始问卷”的题项，并对问卷进行了合理的编制。根据初始问卷回收得到的数据进行了描述性统计分析、项目分析与探索性因子分析之后，初始问卷的56个题项缩减为32个题项，政府责任与社区责任两个因子被删除，职业体育俱乐部理论模型被修改为二阶7因子模型，一阶为责任管理、股东责任、消费者责任、合作伙伴责任、运动员及员工责任、环境责任6个因子，然后共同聚敛为二阶的1个因子，此模型可进一步用作实证研究。根据题项数量与模型的变动结果，重新设计了“我国职业体育俱乐部企业社会责任正式问卷”，并对正式问卷回收数据进行描述性统计分析、信效度分析之后，本研究将修正后的模型确定为最终解释模型。该理论模型的提出为本研究的研究假设创造了条件，根据职业体育俱乐部企业社会责任与竞争力关系的设想，提出了职业体育俱乐部责任管理与责任竞争力、职业体育俱乐部对股东责任与责任竞争力、职业体育俱乐部对消费者责任与责任竞争力、职业体育俱乐部对合作伙伴责任与责任竞争力、职业体育俱乐部对运动员及员工责任与责任竞争力、职业体育俱乐部对环境责任与责任竞争力6个研究假设。

最终模型确定后，需要验证我国职业体育俱乐部企业社会责任与俱乐部竞争力的关系假设。首先，根据已有企业社会责任竞争力量表的修改、企业社会责任竞争力相关理论、专家访谈的相关内容，以及问卷的设计原则，编制了“我国职业体育俱乐部企业社会责任竞争力问卷”；其次，对初始问卷进行了相应的检验分析后，发现问卷具有良好的信效度，可作为正式问卷进行使用；最后，通过职业体育俱乐部企业社会责任竞争力正式问卷回收数据与之前俱乐部企业社会责任的数据进行回归分析，职业体育俱乐部企业社会责任的责任管理、股东责任、消费者责任、合作伙伴责任、运动员及员工责任、环境责任6个因子作为自变量，职业体育俱乐部企业社会责任竞争力作为因变量，回归结果表明，均存在显著正相关，验证此6个假设成立。职业体育俱乐部企业社会责任模型的设计、检验以及与竞争力关系验证的整个过程中，始终以企业社会责任的“四位一体”理论作为基础，模型的修改是科学探索的结果。通过此模型与职业体育俱乐部竞争力关系分析得知，股东责任与责任管理是我国职业体育俱乐部企业社会责任对其竞争力影响最大的两个因素，为职业体育俱乐部企业社会责任的深入研究及职业体育俱乐部竞争力的深度开发奠定了基础。

5 结论与建议

5.1 结论

（1）根据企业社会责任“四位一体”环境下我国职业体育俱乐部行业特色分析得知，职业体育俱乐部责任管理凸显了责任战略的制定；市场责任中以职业体育俱乐部对消费者承担责任较为显著；社会责任中以职业体育俱乐部对运动员及员工承担责任较为显著；职业体育俱乐部对环境责任承担不显著。

（2）我国职业体育俱乐部企业社会责任指标模型为6因子模型，具体包括责任管理、股东责任、消费者责任、合作伙伴责任、运动员及员工责任、环境责任。根据此模型开发的“我国职业体育俱乐部企业社会责任调查问卷”具有6个维度32个题项，具有较好的内部一致性信度与结构效度。该问卷可为我国职业体育俱乐部承担社会责任提供依据与实证参考。

（3）通过我国职业体育俱乐部企业社会责任初始问卷的探索结果可知，职业体育俱乐部对政府与社区承担的责任较少或信息披露不足；职业体育俱乐部责任战略的规划与落实不足；职业体育俱乐部对消费者承担的关系管理、安全措施、场地环境、健康比赛、服务特殊人群、解决消费者争端与投诉等方面的责任不足；职业体育俱乐部对员工的雇用机制与健康保障机制比较欠缺。

（4）开发的“我国职业体育俱乐部企业社会责任竞争力调查问卷”可作为职业体育俱乐部企业社会责任竞争力的评判标准与依据。我国职业体育俱乐部企业社会责任各维度与职业体育俱乐部竞争力之间均存在显著的正相关关系，股东责任与责任管理对职业体育俱乐部竞争力的影响预测最大，可作为提升俱乐部社会责任竞争力的主要发力点；消费者责任、合作伙伴责任、运动员及员工责任、环境责任对职业体育俱乐部竞争力的影响预测相对较小，但非常重要，可作为提升职业体育俱乐部社会责任竞争力的主要基础点与稳定点。

5.2 建议

（1）根据本研究构建的我国职业体育俱乐部企业社会责任指标体系的具体内容与职业体育俱乐部实际情况，寻找职业体育俱乐部自身在企业社会责任承担方面的不足，完善职业体育俱乐部当前的企业社会责任体系，为进一步履责做好基础工作，着重加强职业体育俱乐部对政府责任、社区责任的承担与信息披露。

（2）根据提升职业体育俱乐部竞争力的5个社会责任指标，以及股东责任、责任管理作为第一梯队指标与消费者责任、合作伙伴责任、运动员及员工责任、环境责任作为第二梯队指标的特性，在职业体育俱乐部的不同发展阶段制定并实施不同的责任战略，在不同程度上提升职业体育俱乐部社会责任竞争力。

（3）股东责任和责任管理对于职业体育俱乐部竞争力具有较大的影响力，职业体育俱乐部应增加其关注程度与投入力度，建立完善的职业体育俱乐部企业社会责任机制与体制，并积极推动职业体育俱乐部责任战略从理念到规划、落地的转化。

（4）合作伙伴保证着职业体育俱乐部运营的稳定执行，是职业体育俱乐部提供优质服务的重要前提。职业体育俱乐部对合作伙伴承担的责任与职业体育俱乐部竞争力的提升呈现显著正相关，职业体育俱乐部应从冠名、媒体、数据支持、图片、公益等多方面加强对合作伙伴的责任要求与责任承担。

（5）消费者作为职业体育俱乐部重要的利益相关者，职业体育俱乐部的消费者责任对职业体育俱乐部竞争力具有正向的影响作用，对提升职业体育俱乐部的品牌、形象、认知都具有较大影响，职业体育俱乐部应加强对消费者的关系管理、安全措施、场地环境、健康比赛、服务特殊人群、解决消费者争端与投诉等方面的责任担当。

（6）运动员、教练员等员工是职业体育俱乐部财富的创造者，职业体育俱乐部可以通过运动员、教练员等员工获得可持续的竞争优势，职业体育俱乐部应加强对他们的责任保护与责任担当，建立良好的雇用机制与健康保障机制。

（7）环境的保护是职业体育俱乐部需要考虑的重要因素，环境的合理利用是保证职业体育俱乐部可持续发展的关键，对环境责任的有效承担会提升职业体育俱乐部竞争力。职业体育俱乐部应加强利益相关者对环境的道德认知并减少对环境的破坏，节约资源，减少水、电、噪声等浪费、污染，维持良好而文明的赛场人文环境等，有效提升职业体育俱乐部的环境责任力。

5.3 本研究局限

（1）本研究以我国职业体育俱乐部作为调查对象，由于职业体育俱乐部经常处于训练、比赛等安排中，很难对全部职业体育俱乐部以及职业体育俱乐部的管理者、运动员、教练员等全员进行调研，只能进行抽样调查。调查数据达到了进行探索性因子分析与验证性因子分析的要求，如果能调查更多的职业体育俱乐部以及职业体育俱乐部的全体人员，将更有利于本研究得到精确的研究结果。

（2）职业体育俱乐部是具有企业性质的体育俱乐部，我国目前相对较为成熟的职业体育俱乐部主要集中在足球、篮球、乒乓球，由于调查精力有限，对其他发展势头较好的企业化运作的职业体育俱乐部没有涉及，如排球、羽毛球等。

5.4 展望

（1）完善我国职业体育俱乐部企业社会责任指标体系的权重设定，进一步构建我国职业体育俱乐部企业社会责任的评价指标体系，可为不同运动项目职业体育俱乐部或某职业体育俱乐部进行全面的社会责任评价与评估，形成体育行业的企业社会责任评价指标体系。

（2）我国职业体育俱乐部企业社会责任与职业体育俱乐部竞争

力之间可能会存在责任沟通、责任绩效等中介变量或调节变量，需要加强职业体育俱乐部企业社会责任模型与职业体育俱乐部竞争力之间的相关关系研究，全面的分析更有利于职业体育俱乐部企业社会责任不同维度的精准控制。

（3）职业体育俱乐部的责任管理是将企业社会责任融入职业体育俱乐部的价值观、战略和实践的管理系统。责任管理对职业体育俱乐部竞争力的提升具有较大影响作用，需要进一步加强职业体育俱乐部企业社会责任的机制与体制研究、责任管理体系的研究与构建等。

附　录

附录A　我国职业体育俱乐部企业社会责任初始问卷

尊敬的先生/女士：

您好！

非常感谢您在百忙之中填写这份问卷。这是一份学术性问卷，主要目的是对我国职业体育俱乐部参与社会责任进行深入研究。俱乐部社会责任是指俱乐部除了追求经济绩效以外，还要追求社会绩效和环境绩效的综合发展。本问卷均采用不记名方式，所有的数据将严格保密，仅做整体研究分析，敬请放心。请您仔细阅读问卷的题项并做出选择，您的回答并无对错之分，请根据自身实际感受作答。并请您完整地填答问卷，只有问卷具备较高的有效率才可提高研究结果的真实性。

如果您对本研究的结论感兴趣，请您留下信箱地址，我们会将研究的结论及时与您分享。真诚地感谢您对本研究的支持！

您的电子信箱：

北京体育大学

第一部分　问卷题项

1. 根据您对本俱乐部参与社会责任的实际情况，请用5分评分标准对以下几个方面的表述进行评价。（1分代表“完全不同意”，3分代表“一般”，5分代表“完全同意”，请您在对应的数字上打“√”）

Q1.俱乐部的责任管理	完全不同意 → 完全同意				
R1.俱乐部经常向大家传达“社会责任理念”	1	2	3	4	5
R2.俱乐部已经承担了明确的“社会责任项目”	1	2	3	4	5
R3.俱乐部制定了明确的“社会责任目标与规划”	1	2	3	4	5
R4.俱乐部设立了“社会责任领导机构与组织体系”	1	2	3	4	5
R5.俱乐部具备明确的“社会责任管理制度”	1	2	3	4	5
R6.俱乐部举办了“社会责任培训”	1	2	3	4	5
R7.俱乐部明确股东、教练员、运动员、供应商、工作人员等的“期望”并给予“回应”	1	2	3	4	5
R8.俱乐部制定了推动合作伙伴履行社会责任的“倡议”	1	2	3	4	5
R9.俱乐部具有内网、内部刊物等社会责任内部沟通机制	1	2	3	4	5
R10.俱乐部与教研机构开展社会责任合作	1	2	3	4	5
Q2.俱乐部对股东承担的责任	**完全不同意 → 完全同意**				
R1.俱乐部向股东公布了“营业收入、增长率”等数据	1	2	3	4	5
R2.俱乐部向股东公布了“净利润增长率、净资产收益率”等数据	1	2	3	4	5
R3.俱乐部向股东公布了“资产负债率”等与俱乐部财务安全相关的数据	1	2	3	4	5
R4.俱乐部设立了投资者关系管理机构、制度等体系	1	2	3	4	5
Q3.俱乐部对消费者承担的责任	**完全不同意 → 完全同意**				
R1.俱乐部建立了消费者关系管理制度	1	2	3	4	5
R2.俱乐部具有确保欣赏比赛或者运动场所“安全”的制度及措施	1	2	3	4	5
R3.俱乐部具有欣赏比赛或者运动场所“环境卫生”管理制度及措施	1	2	3	4	5
R4.俱乐部具有提供“积极健康的比赛或运动产品”的政策、制度及措施	1	2	3	4	5
R5.俱乐部具有为“特殊人群”服务的制度及措施	1	2	3	4	5
R6.俱乐部具有保障“青少年及儿童”身心健康的制度及措施	1	2	3	4	5
R7.俱乐部具有消费者争端解决机制	1	2	3	4	5
R8.俱乐部积极应对消费者投诉	1	2	3	4	5
R9.俱乐部对消费者信息进行了保护	1	2	3	4	5
R10.俱乐部采用了消费者满意度调查	1	2	3	4	5

续表

Q3.俱乐部对消费者承担的责任	完全不同意 → 完全同意				
R11.俱乐部拥有倡导比赛或运动服务“创新”的制度	1	2	3	4	5
Q4.俱乐部对合作伙伴承担的责任	**完全不同意 → 完全同意**				
R1.俱乐部面对供应商时，把“诚信”作为基本价值观，并制定了相应保障制度	1	2	3	4	5
R2.俱乐部对供应商提出了“遵守法规”“诚信经营”等责任要求	1	2	3	4	5
R3.俱乐部倡导供应商公平竞争的合作理念，并制定了相应保障制度	1	2	3	4	5
R4.俱乐部与供应商具有较高的合同完成比例	1	2	3	4	5
Q5.俱乐部对当地政府承担的责任	**完全不同意 → 完全同意**				
R1.俱乐部具有反腐败、反商业贿赂、合规手册等守法合规措施	1	2	3	4	5
R2.俱乐部实际交纳了全年应交的税金总额	1	2	3	4	5
R3.俱乐部设立了带动就业的相关政策或措施	1	2	3	4	5
Q6.俱乐部对运动员及员工承担的责任	**完全不同意 → 完全同意**				
R1.俱乐部严格遵守《劳动法》《劳动合同法》等法律法规	1	2	3	4	5
R2.俱乐部与大多数运动员、教练员等员工签订了劳动合同	1	2	3	4	5
R3.运动员、教练员等大多数员工参与了社会保险	1	2	3	4	5
R4.俱乐部为运动员、教练员等员工提供了不低于同等行业的薪酬	1	2	3	4	5
R5.俱乐部为运动员、教练员等员工提供了相应的每年人均带薪休假天数	1	2	3	4	5
R6.俱乐部在运动员及员工的雇用过程中，没有将性别、年龄、肤色、身高、伤残等生理特征以及民族、国籍、宗教信仰、政治信仰、语言等社会特征作为是否聘用的选择标准或依据	1	2	3	4	5
R7.俱乐部设立了较完整的职业病防治制度	1	2	3	4	5
R8.俱乐部雇用了一定数量的残疾人	1	2	3	4	5
R9.俱乐部为运动员、教练员等员工进行了一定的体检并建立了健康档案	1	2	3	4	5
R10.俱乐部具有较完善的培训组织机构、培训制度、培训类别、课程体系、培训考核等培训体系	1	2	3	4	5
R11.俱乐部具备较完善的运动员及员工意见或建议传达到高层的渠道，如座谈会、意见箱等	1	2	3	4	5

续表

Q6.俱乐部对运动员及员工承担的责任	完全不同意 → 完全同意				
R12.俱乐部投入了一定的资金帮扶困难的员工	1	2	3	4	5
R13.俱乐部对运动员及员工进行了关于本俱乐部的政策与管理制度、工作环境、工作内容、人际关系、薪酬等的“态度调查”	1	2	3	4	5
R14.俱乐部具备员工、俱乐部和政府三方一起谈判解决关于雇用的重大问题，或者劳方集体性地通过工会与资方谈判雇用条件的“对话机制”	1	2	3	4	5
Q7.俱乐部对当地社区承担的责任	**完全不同意 → 完全同意**				
R1.俱乐部为所在社区的社区建设、社区生活或社区活动等产生了积极的影响	1	2	3	4	5
R2.俱乐部组织了大量慈善捐赠救助活动	1	2	3	4	5
R3.俱乐部在当地社区举办了大量员工志愿者活动	1	2	3	4	5
R4.俱乐部积极配合相关部门打击非法活动	1	2	3	4	5
R5.俱乐部采取了确保经营活动不扰民的政策、制度及措施	1	2	3	4	5
Q8.俱乐部对环境承担的责任	**完全不同意 → 完全同意**				
R1.俱乐部开展了环保培训与宣教活动	1	2	3	4	5
R2.俱乐部对比赛、活动及供应商提出了绿色环保要求	1	2	3	4	5
R3.俱乐部开展了环境保护公益事业方面的活动	1	2	3	4	5
R4.俱乐部采用了节约能源的制度或措施	1	2	3	4	5
R5.俱乐部采用了节约水资源的制度或措施	1	2	3	4	5

2. 根据所承担企业社会责任对本俱乐部竞争力影响的实际情况，请您用5分评分标准对以下几个方面的表述进行评价。（1分代表“完全不同意”，3分代表“一般”，5分代表“完全同意”，请您在对应的数字上打“√”）

Q9.企业社会责任对俱乐部竞争力的影响	完全不同意 → 完全同意				
R1.俱乐部承担社会责任会增加成本，所以俱乐部没必要通过承担社会责任来提高综合竞争力	1	2	3	4	5
R2.俱乐部履行社会责任的前提是俱乐部利润的实现，当其利润不足以弥补其机会成本时，就没必要承担社会责任	1	2	3	4	5
R3.俱乐部履行社会责任能够为俱乐部创造出可观的经济效益或运动成绩	1	2	3	4	5

续表

Q9.企业社会责任对俱乐部竞争力的影响	完全不同意 → 完全同意				
R4.俱乐部社会责任的实施和强化必须通过日常经营管理活动才能实现	1	2	3	4	5
R5.社会责任是一种无形的精神驱动力，能通过价值链系统地运转使俱乐部的经营活动具有其他俱乐部所不能匹及的竞争优势和竞争力	1	2	3	4	5

第二部分　基本背景资料

以下几个问题，是了解您的一些基本背景资料，这些信息对我们进行整体分析非常重要，请您能够如实填写。我们向您保证将对这些信息保密，谢谢您的合作！请在对应选项打“√”。

1. 您的性别为：　　A.男性　　B.女性

2. 请问您的年龄：

A.18岁以下　B.18～24岁　C.25～34岁　D.35～44岁　E.45～54岁　F.55岁以上

3. 请问您的学历：

A.初中及以下　B.高中/中专　C.大专　D.本科　E.研究生及以上

4. 请问您的月收入大约是：

A.3 000元以下　B.3 000～6 000元　C.6 000～10 000元

D.10 000～20 000元　E.20 000元以上

5. 请问您的职业是（可多选）：

A.管理层　B.教练员　C.运动员　D.普通员工　E.其他

本问卷到此结束，请再次浏览一下有无遗漏，再次感谢您对本研究的支持和帮助！

附录B 我国职业体育俱乐部企业社会责任正式问卷

尊敬的先生/女士：

您好！

非常感谢您在百忙之中填写这份问卷。这是一份学术性问卷，主要目的是对我国职业体育俱乐部参与社会责任进行深入研究。俱乐部社会责任是指俱乐部除了追求经济绩效以外，还要追求社会绩效和环境绩效的综合发展。本问卷均采用不记名方式，所有的数据将严格保密，仅做整体研究分析，敬请放心。请您仔细阅读问卷的题项并做出选择，您的回答并无对错之分，请根据自身实际感受作答。并请您完整地填答问卷，只有问卷具备较高的有效率才可提高研究结果的真实性。

如果您对本研究的结论感兴趣，请您留下信箱地址，我们会将研究的结论及时与您分享。真诚地感谢您对本研究的支持！

您的电子信箱：

北京体育大学

第一部分 问卷题项

1. 根据您对本俱乐部参与社会责任的实际情况，请用5分评分标准对以下几个方面的表述进行评价。（1分代表“完全不同意”，3分代表“一般”，5分代表“完全同意”，请您在对应的数字上打“√”）

Q1.俱乐部的责任管理	完全不同意 → 完全同意				
R1.俱乐部经常向大家传达“社会责任理念”	1	2	3	4	5
R2.俱乐部设立了“社会责任领导机构与组织体系”	1	2	3	4	5
R3.俱乐部具备明确的“社会责任管理制度”	1	2	3	4	5
R4.俱乐部举办了“社会责任培训”	1	2	3	4	5
R5.俱乐部明确股东、教练员、运动员、供应商、工作人等的“期望”并给予“回应”	1	2	3	4	5

续表

Q1.俱乐部的责任管理	完全不同意 → 完全同意				
R6.俱乐部制定了推动合作伙伴履行社会责任的“倡议”	1	2	3	4	5
R7.俱乐部具有内网、内部刊物等社会责任内部沟通机制	1	2	3	4	5
R8.俱乐部与教研机构开展社会责任合作	1	2	3	4	5
Q2.俱乐部对股东承担的责任	**完全不同意 → 完全同意**				
R1.俱乐部向股东公布了“营业收入、增长率”等数据	1	2	3	4	5
R2.俱乐部向股东公布了“净利润增长率、净资产收益率”等数据	1	2	3	4	5
R3.俱乐部向股东公布了“资产负债率”等与俱乐部财务安全相关的数据	1	2	3	4	5
R4.俱乐部设立了投资者关系管理机构、制度等体系	1	2	3	4	5
Q3.俱乐部对消费者承担的责任	**完全不同意 → 完全同意**				
R1.俱乐部对消费者信息进行了保护	1	2	3	4	5
R2.俱乐部采用了消费者满意度调查	1	2	3	4	5
R3.俱乐部拥有倡导比赛或运动服务“创新”的制度	1	2	3	4	5
Q4.俱乐部对合作伙伴承担的责任	**完全不同意 → 完全同意**				
R1.俱乐部面对供应商时，把“诚信”作为基本价值观，并制定了相应保障制度	1	2	3	4	5
R2.俱乐部对供应商提出了“遵守法规”“诚信经营”等责任要求	1	2	3	4	5
R3.俱乐部倡导供应商公平竞争的合作理念，并制定了相应保障制度	1	2	3	4	5
R4.俱乐部与供应商具有较高的合同完成比例	1	2	3	4	5
Q5.俱乐部对运动员及员工承担的责任	**完全不同意 → 完全同意**				
R1.俱乐部为运动员、教练员等员工提供了不低于同等行业的薪酬	1	2	3	4	5
R2.俱乐部为运动员、教练员等员工提供了相应的每年人均带薪休假天数	1	2	3	4	5
R3.俱乐部雇用了一定数量的残疾人	1	2	3	4	5
R4.俱乐部具有较完善的培训组织机构、培训制度、培训类别、课程体系、培训考核等培训体系	1	2	3	4	5
R5.俱乐部具备较完善的运动员及员工意见或建议传达到高层的渠道，如座谈会、意见箱等	1	2	3	4	5
R6.俱乐部投入了一定的资金帮扶困难的员工	1	2	3	4	5

续表

Q5.俱乐部对运动员及员工承担的责任	完全不同意 → 完全同意				
R7.俱乐部对运动员及员工进行了关于本俱乐部的政策与管理制度、工作环境、工作内容、人际关系、薪酬等的“态度调查”	1	2	3	4	5
R8.俱乐部具备员工、俱乐部和政府三方一起谈判解决关于雇用的重大问题，或者劳方集体性地通过工会与资方谈判雇用条件的“对话机制”	1	2	3	4	5
Q6.俱乐部对环境承担的责任	完全不同意 → 完全同意				
R1.俱乐部开展了环保培训与宣教活动	1	2	3	4	5
R2.俱乐部对比赛、活动及供应商提出了绿色环保要求	1	2	3	4	5
R3.俱乐部开展了环境保护公益事业方面的活动	1	2	3	4	5
R4.俱乐部采用了节约能源的制度或措施	1	2	3	4	5
R5.俱乐部采用了节约水资源的制度或措施	1	2	3	4	5

2. 根据所承担企业社会责任对本俱乐部竞争力影响的实际情况，请您用5分评分标准对以下几个方面的表述进行评价。（1分代表“完全不同意”，3分代表“一般”，5分代表“完全同意”，请您在对应的数字上打“√”）

Q7.企业社会责任对俱乐部竞争力的影响	完全不同意 → 完全同意				
R1.俱乐部承担社会责任会增加成本，所以俱乐部没必要通过承担社会责任来提高综合竞争力	1	2	3	4	5
R2.俱乐部履行社会责任的前提是俱乐部利润的实现，当其利润不足以弥补其机会成本时，就没必要承担社会责任	1	2	3	4	5
R3.俱乐部履行社会责任能够为俱乐部创造出可观的经济效益或运动成绩	1	2	3	4	5
R4.俱乐部社会责任的实施和强化必须通过日常经营管理活动才能实现	1	2	3	4	5
R5.社会责任是一种无形的精神驱动力，能通过价值链系统地运转使俱乐部的经营活动具有其他俱乐部所不能匹及的竞争优势和竞争力	1	2	3	4	5

第二部分　基本背景资料

以下几个问题，是了解您的一些基本背景资料，这些信息对我们进行整体分析非常重要，请您能够如实填写。我们向您保证将对这些信息保密，谢谢您的合作！请在对应选项打“√”。

1. 您的性别为：　A.男性　B.女性

2. 请问您的年龄：

A.18岁以下　B.18~24岁　C.25~34岁　D.35~44岁

E.45~54岁　F.55岁以上

3. 请问您的学历：

A.初中及以下　B.高中/中专　C.大专　D.本科　E.研究生及以上

4. 请问您的月收入大约是：

A.3 000元以下　B.3 000~6 000元

C.6 000~10 000元　D.10 000~20 000元

E.20 000元以上

5. 请问您的职业是（可多选）：

A.管理层　B.教练员　C.运动员　D.普通员工　E.其他

本问卷到此结束，请再次浏览一下有无遗漏的地方，再次感谢您对本研究的支持和帮助！

附录C 专家访谈提纲

您好！

1.您认为我国企业的社会责任应主要包括哪几个方面？

2.您对目前我国企业社会责任的评价指标体系有什么看法？

3.职业体育俱乐部作为企业法人，您认为应该主要从哪些方面去关注职业体育俱乐部的社会责任？

4.如果调研职业体育俱乐部的企业社会责任，您认为哪些俱乐部较为合适？

5.按照国内“四位一体”理论，企业社会责任包括责任管理、市场责任、社会责任和环境责任，您认为职业体育俱乐部每个部分具体如何体现？

6.您认为职业体育俱乐部承担企业社会责任与提升俱乐部竞争力有关系吗？关系何在？